Hanna Strack / Gunhild Nienkerk
Guter Hoffnung sein

Hanna Strack / Gunhild Nienkerk

# *Guter Hoffnung sein*

Ein spiritueller Begleiter
für Schwangerschaft und Geburt

Tyrolia-Verlag · Innsbruck-Wien

Mitglied der Verlagsgruppe „engagement"

Bibliografische Information Der Deutschen Nationalbibliothek
Die Deutsche Nationalbibliothek verzeichnet diese Publikation in der
Deutschen Nationalbibliografie; detaillierte bibliografische Daten sind im
Internet über http://dnb.d-nb.de abrufbar.

2013
© Verlagsanstalt Tyrolia, Innsbruck
Umschlaggestaltung: stadthaus 38, Innsbruck
Zeichnungen im Innenteil:
© LeonART-Fotolia.com, © SG-design-Fotolia.com, © Jan Engel-Fotolia.com,
© VRD-Fotolia.com, © virinaflora-Fotolia.com, © jakgree-Fotolia.com,
© namosh-Fotolia.com, © Maria Cherevan-Fotolia.com
Layout und digitale Gestaltung: Tyrolia-Verlag
Druck und Bindung: FINIDR, Tschechien
ISBN 978-3-7022-3249-8
E-Mail: buchverlag@tyrolia.at
Internet: www.tyrolia-verlag.at

# Inhaltsverzeichnis

Vorwort . . . . . . . . . . . . . . . . . . . . . . . . . . . . . 7

*Einführung* . . . . . . . . . . . . . . . . . . . . . . . . . . 9
Was ist Spiritualität? . . . . . . . . . . . . . . . . . . . . . 9
Für wen ist das Buch geschrieben? . . . . . . . . . . . . . 11
Was möchten wir mit diesem Buch? . . . . . . . . . . . . 13
Wie ist das Buch aufgebaut? . . . . . . . . . . . . . . . . 14

*Hoffnung und Vertrauen* . . . . . . . . . . . . . . . . . 17
Bereitsein zur Empfängnis . . . . . . . . . . . . . . . . . 19
Schwangersein: sich dem Wandel öffnen . . . . . . . . . 26
Mein Kind wächst in mir . . . . . . . . . . . . . . . . . . 31
Spiritualität des vorgeburtlichen Kindes . . . . . . . . . . 37
Zwillinge . . . . . . . . . . . . . . . . . . . . . . . . . . . 39

*Die Geburt: Eine Begegnung mit dem Heiligen* . . . . . 43
Die Schöpfungskraft der Frau . . . . . . . . . . . . . . . 44
Der Körper der Frau in der Geburt . . . . . . . . . . . . 47
Die Schmerzen . . . . . . . . . . . . . . . . . . . . . . . 52
Die Hebamme . . . . . . . . . . . . . . . . . . . . . . . . 54
Werdende Väter . . . . . . . . . . . . . . . . . . . . . . . 57
Die tief empfundene Freude . . . . . . . . . . . . . . . . 60
Unterschiedliche Geburten . . . . . . . . . . . . . . . . . 64
Die Plazenta – der Mutterkuchen . . . . . . . . . . . . . 68

*Das Wunder des Lebens* . . . . . . . . . . . . . . . . . 71
Das Neugeborene . . . . . . . . . . . . . . . . . . . . . . 73
Begrüßungsrituale . . . . . . . . . . . . . . . . . . . . . . 76

Die Mutter im Wochenbett . . . . . . . . . . . . . . . . . .  80
Stillen und Abstillen . . . . . . . . . . . . . . . . . . . . . . .  85

*Den Grenzen begegnen* . . . . . . . . . . . . . . . . . . . . .  89
Ein krankes Kind . . . . . . . . . . . . . . . . . . . . . . . . .  91
Grenzen der Machbarkeit . . . . . . . . . . . . . . . . . . .  94
Im Grenzbereich von Leben und Tod . . . . . . . . . . .  97
Schwangerschaftsabbruch . . . . . . . . . . . . . . . . . . 101

*Getragensein* . . . . . . . . . . . . . . . . . . . . . . . . . . . . 105
Die Familie – die Großeltern . . . . . . . . . . . . . . . . 106
Netzwerke – Freundinnen . . . . . . . . . . . . . . . . . . 109
Patchworkfamilie . . . . . . . . . . . . . . . . . . . . . . . . . 113
Alleinerziehende . . . . . . . . . . . . . . . . . . . . . . . . . . 117
Adoptivkinder . . . . . . . . . . . . . . . . . . . . . . . . . . . 119

*Symbole in Mythen und Märchen* . . . . . . . . . . . . . 123

*Liebe – Seele – Gott* . . . . . . . . . . . . . . . . . . . . . . . 127
In allem die Liebe . . . . . . . . . . . . . . . . . . . . . . . . 128
Gedanken über die Seele . . . . . . . . . . . . . . . . . . . 131
Gott und Bilder von Gott . . . . . . . . . . . . . . . . . . . 133

Dank . . . . . . . . . . . . . . . . . . . . . . . . . . . . . . . . . 137
Literaturnachweis . . . . . . . . . . . . . . . . . . . . . . . . 137
Die Autorinnen . . . . . . . . . . . . . . . . . . . . . . . . . . 141

# Vorwort

Wir lernten uns im Sommer 2009 kennen. Als Hanna von ihrem bisherigen Engagement für eine gute, d. h. angemessene Begleitung der Schwangeren und Gebärenden durch Kirche und Gesellschaft erzählte, fing Gunhild gleich Feuer. Gemeinsam sammelten wir Ideen für dieses jetzt vorliegende Buch. Uns verband von vornherein das Interesse an stärkenden, heilenden und tröstenden Texten, ohne Mahnungen, Warnungen und erhobenen Zeigefingern.

Wir beide, Hanna, Pastorin im Ruhestand und Schreibtischfrau, und Gunhild, Inhaberin eines Mutter-Kind-Cafés und Praxisfrau, wir wurden zum idealen Paar. Gunhild war überrascht von den vielen Bibelstellen, die Hanna herausgefunden hatte und die sie nicht kannte, obwohl sie doch kirchlich erzogen worden war. Ein Hauptgrund dafür liegt in der Lehre, dass die Taufe heilsnotwendig sei. Damit war die Zeit vor der Taufe unwichtig geworden.

So sammelten wir Erfahrungsberichte von Freundinnen, Texte aus Büchern, aus Bibel, Koran und buddhistischer Tradition und selbst geschriebene Verse. Im Kapitel „Symbole in Mythen und Märchen" finden Sie Hinweise auf eine alte matriarchale Tradition.

Die anfängliche Idee, nach Schwangerschaftsmonaten zu gliedern, verwarfen wir bald zu Gunsten der jetzt vorliegenden Einteilung in grundlegende spirituelle Erfahrungen.

So ist eine reiche Sammlung entstanden, die wir den interessierten Lesenden ans Herz legen. Wir freuen uns, wenn werdende Mütter und Väter ihren Erlebnissen in ihrer Tiefe nachspüren können und sie so innerlich bereichert werden!

Auch freuen wir uns über Kritik und Anregungen! Unsere Adressen finden Sie am Schluss.

Vielleicht möchten Sie auch selbst Segenstexte schreiben. Dazu finden Sie eine Anleitung unter www.hanna-strack.de/segenstexte.

Über www.hanna-strack.de und www.mama-chocolate.de können Sie auch den Kontakt zu uns suchen und finden.

*Pinnow und Schwerin*   *Hanna Strack, Gunhild Nienkerk*

# *Einführung*

## Was ist Spiritualität?

Viele Menschen suchen heute nach neuen Inhalten und Formen einer Spiritualität, die ihre Lebenserfahrungen aufnimmt und sie so persönlich anspricht. Die Sprache der Kirchenleute verstehen sie oft nicht mehr, obwohl ja in der langen Tradition der christlichen Religion viele Menschen ihre Heimat hatten und haben. Die Angebote der so genannten Esoterik kommen ihnen entgegen.

Wir meinen aber, dass in der Tradition auch verdeckte und lange vernachlässigte Texte sind, die diesen Anspruch der Lebensnähe erfüllen. Wir gehen deshalb aus von der Trennung von Religion und Spiritualität. Auch wir suchen nach Glaubensaussagen, die gerade die Erfahrungen von Frauen mit ihrem Körper berücksichtigen. Wir fragen: Welchen Zugang haben Frauen zu den tragenden Kräften des Lebens? Wie erleben Frauen die Spannung zwischen dem, dass sie Schöpferinnen des Lebens sind, und der Erfahrung, doch nicht alles in den Händen zu haben? Wie kann in der Welt der Technik und Medizin und ihren Verheißungen das Staunen über das Wunder des Lebens und seine Geheimnisse bewahrt werden?

Das Wort „Gott" ist dabei beides: gut und hinderlich. Gut, weil es ein ansprechbares Du ist; hinderlich, weil so viele negative Bilder in unseren Köpfen sind – von einem richtenden und strafenden Gott, in dessen Namen auch Kriege geführt wurden und Unfrieden gesät wurde. Das wollten wir hier ja gerade nicht. Wir bitten alle, die das Wort Gott stört, doch die Erfahrungen von Getragensein, von Grenzen und vom Wunder des Lebens damit zu verbinden. Am Schluss dieses Buches im Kapitel „Gott und Bilder von Gott" finden Sie noch mehr Gedanken zu diesem Thema!

Bärbel Wartenberg-Potter, die frühere Bischöfin von Lübeck, findet eine neue Verbindung zwischen dieser ursprünglichen Spiritualität und der Kirche: „Spiritualität ist alles, was uns in richtige Beziehung zu Gott und den Menschen bringt, was diese Verbindung stärkt und hält. Sie bringt uns näher zu Gott und uns selbst. Sie sehnt sich nach einer Welt, in der es gerecht, friedvoll und achtsam zugeht. Gott nahe, werden die Menschen zu unbegreiflichen Taten der Liebe fähig, zu mutigem Zeugnis. … Und je stärker dies ist, umso lebendiger, verlässlicher und mutiger ist die Kraft zum Leben – und auch zum Sterben. Spirituelle Erfahrungen am Krankenbett, bei der Obdachlosenspeisung, beim Singen mit Kindern, bei einem mutigen Wahrheitswort, beim Blick aufs Meer, einem Brief aus dem Gefängnis, einem Gedicht, in der Zutraulichkeit eines Tieres."

Und hier ergänzen wir: in den tief greifenden Erfahrungen während der Zeit der Empfängnis, der Schwangerschaft, der Geburt und des Wochenbettes.

Bärbel Wartenberg-Potter fährt fort: „Spiritualität ist die Suche nach dem Weg zu Gott, das Licht auf diesem Weg, der Weg selbst und Leben aus der Gottverbundenheit.

Die wichtigsten Zeichen ihrer Wirkkraft erleben wir so: Sie tröstet, schafft Boden unter den Füßen, weckt unsere Empathie mit den Menschen und Gottes Schöpfung.

Spiritualität ist wie Einatmen und Ausatmen. Oft hat ein wirkmächtiger Dualismus in der christlichen Tradition diese beiden Seiten auseinandergerissen. Christliche Spiritualität hilft uns, die Heiligkeit Gottes im Alltag, in jedem Lebewesen zu entdecken. ‚Die Welt ist sakral: Die Straße ist überfüllt von Christus. Mit Ehrfurcht müssten wir sämtliche Menschenkrümel aufheben, weil du unter ihnen bist, Jesus Christus‘, sagen die Leute in Lateinamerika."

# Für wen ist das Buch geschrieben?

Wir haben das Buch für werdende Familien geschrieben, für Paare, die eine Familie gründen wollen. Unter Familien verstehen wir sehr viele unterschiedliche Zusammenstellungen: Mutter-Vater-Kind, Alleinerziehende, Patchworkfamilien, wo Kinder aus verschiedenen Ehen zusammenkommen, Großeltern und Enkelkinder, Adoptivfamilien, gleichgeschlechtliche Paare mit Kind, Wohngemeinschaften. Das sind die Regenbogenfamilien! Familie ist überall dort, wo Menschen verbindlich füreinander da sind, und besonders dort, wo ein Kind heranwächst.

Das Buch ist auch geschrieben für alle, die für werdende Familien privat oder beruflich da sind.

Ein Paar steht heute vor vielen Fragen und Entscheidungen: Wann wollen wir ein Kind? Wie wollen wir es bekommen? Was machen wir aus unserem Leben, wenn kein Kind sich einstellt? Wie stark wollen wir die Schwangerschaft durch Untersuchungen begleiten lassen? Was verspricht uns die künstliche Befruchtung? Wo holen wir uns Rat, wenn wir verunsichert sind? Die Medizin verspricht oftmals mehr, als sie halten kann.

Die Spiritualität in der Schwangerschaft selbst erleben Frauen unterschiedlich. Wir haben drei Gruppen beobachtet, die wir etwa so beschreiben können:

Die erste Gruppe ist zunächst nicht bekennend spirituell. Oft von „außen" zu eingebunden, um sich mit dem inneren Selbst auseinanderzusetzen. Diese Frauen haben einen Familien-, Bekannten- und Freundeskreis, der sie auffängt, sie gehen auch zu Einrichtungen der psychischen Betreuung, zu Beratungsstellen, z. B. bei Depressionen, finanzieller Bedrängnis.

Frauen der zweiten Gruppe haben eine gewisse Spiritualität, die zwar nicht auf Gott gründet, aber sie sind viel offener, oft gerade während der Schwangerschaft. Sie sagen z. B. „das Universum lenkt", sie haben Vertrauen, Glauben an die Ganzheit, das „große Ganze". Sie geben Wünsche ab an das Universum, das alles lenkt. Jede Frau betet, aber nicht ‚herkömmlich', für das Kind. Sie haben verschiedene Arten von Weltanschauung, so finden sich Frauen und auch Männer z. B. im Buddhismus zuhause. Von Gott wollen viele nichts wissen, aber von Spiritualität. Diese Frauen ruhen in sich selbst, besuchen Yogakurse, Meditationsgruppen, Hebammenvorbereitungsgruppen, alternative Heilmethoden. Auch das Buch von Ingeborg Stadelmann „Hebammensprechstunde" ist für sie hilfreich, weil es Frauen wieder mit der Natur versöhnt, es wird deshalb sehr geschätzt.

Eine dritte Gruppe von Frauen sind die kirchlich Gebundenen, die ihre Spiritualität in Gottesdienst und Taufe, in dem klassischen christlichen Rahmen leben. Für sie sind die täglichen Bibelverse und das Gesangbuch eine Fundgrube für Gebete und Meditationen.

Wir möchten keine Mahnungen in den Raum stellen, sondern eintreten für alle lebensfördernden Werte. Und so können wir allen Frauen und auch ihren Partnern die Möglichkeit geben, diese besondere Zeit der Schwangerschaft und Geburt als Zeit der Spiritualität zu erleben.

# Was möchten wir mit diesem Buch?

Nach der jahrhundertelangen Abwertung des Frauenkörpers wollen wir jetzt den Schritt vorwärts gehen zu einem schöpferischen Bewusstsein der Ehrfurcht vor dem Körper der Frau.

Wir ehren alle Frauen, die ungewollt kinderlos bleiben mussten. Wir haben Respekt vor allen Frauen, die sich, aus welchen Gründen auch immer, gegen ein Kind entscheiden. Diese Wahl ist frei und gehört zum Leben einer emanzipierten Frau. Wir wünschen uns, dass Frauen untereinander sich nicht vergleichen, sich gegenseitig kritisieren und abwerten, sondern sich unterstützen und wertschätzen.

Was wir nicht wollen: Wir wollen keine Mutterschaftsideologie verbreiten. Wir wollen keinen Rückgriff auf das Gedankengut der Nationalsozialisten und ihren Mutterkult. Wir wollen Frauen nicht wieder in die „Mutterfalle" geraten lassen.

# Wie ist das Buch aufgebaut?

Jedes Kapitel hat jeweils vier Schritte:
- zunächst einführende Gedanken,
- dann ein kurzer oder längerer Erfahrungsbericht,
- anschließend spirituelle Texte wie Segensgedichte, Gebete, Meditationen und
- viertens Texte aus den Schriften der Religionen, die uns die Augen öffnen können für die Wurzeln unserer Spiritualität

Ergänzt werden diese Texte am Ende durch einen Hinweis auf die Symbolik der Mythen und Märchen.

Während des Lesens sind Ihnen vielleicht Fragen gekommen über die Seele und über Gott und Sie haben wie einen roten Faden die Spur der Liebe entdeckt. Dazu finden Sie im Schlusskapitel unsere zusammenfassenden Gedanken.

Manches wird Ihnen ungewohnt erscheinen, denn in unserer Tradition wurde die Dreiheit „Gott-Frau-Körper" tabuisiert. Wir können es uns gar nicht vorstellen, dass der Frauenkörper auch würdig ist, Gefäß für das Göttliche zu sein und als Bild für das Göttliche verwendet zu werden. Es fehlt uns eine Sprache dafür. Das Potential an schöpferischer Kraft des Frauenkörpers war, weil unkontrollierbar, für die herrschenden Männer zu gefährlich, und so haben sie es unsichtbar gemacht.

Auch die Religionsschriften haben einen patriarchalen Charakter. Männer haben sie geschrieben und oft sind nur Männer als Adressaten angesprochen. Doch bei genauem Hinsehen finden wir Verse, die auf eine dahinterliegende Frauentradition hinweisen und die den Frauenkörper ehrfürchtig wahrnehmen.

Das gilt auch für den Koran, die Heilige Schrift der Musliminnen und Muslime.

Texte aus der Bibel zeigen uns, wie nah am Leben der Glaube der Menschen im alten Israel und zur Zeit Jesu war. Bei den Märchen wiederum ist es interessant, die Vorformen anzuschauen, in denen Frauen als selbständig und klug Handelnde gezeigt werden und die die Brüder Grimm dann so umgewandelt haben, dass das Bild der braven, unterwürfigen Frau herausgekommen ist.

Zu den Segensgebeten wollen wir noch vermerken: Sie können sie lesen oder auch für sich sprechen, wobei Sie vielleicht die Worte verändern wollen. Umgekehrt können auch Sie davon gewandelt werden und Sie gewinnen Respekt vor Ihrem Kind. Das schafft eine gute Distanz, und Sie spüren die innere Wärme, mit der Sie dem Kind von der göttlichen Kraft schenken, die durch Sie hindurchfließt zu Ihrem Kind hin.

*Hoffnung und Vertrauen*

Alles Erleben während der Schwangerschaft ist getragen von dem Grundgefühl, dass alles gut werden möge. Die Liebe zum Kind wächst stetig, die Partnerschaft kann eine tiefere Intensität bekommen.

Heute geschieht dies unter immer stärker werdender medizinischer Begleitung. Das bedeutet für Frau und Kind zwar einerseits Heilungschancen, sie stehen aber auch unter andauernder Kontrolle und die Unsicherheiten wachsen eher, als dass sie abnehmen. Denn es werden immer mehr vermeintliche oder wirkliche Risiken entdeckt. Zwischen Kontrolle und Ohnmacht entsteht ein Raum für Ängste. Ins Extreme gesteigert ist dies, wenn eine Frau in Prozenten das Risiko einer Krankheit des Ungeborenen dargestellt bekommt und dann noch selbst entscheiden soll, ob sie das Kind behalten will.

Angst vor Kontrollverlust, Angst davor, ins bodenlose Nichts zu fallen, und gesellschaftliche Zwänge prägen manche Schwangerschaft mehr als das Gefühl, „guter Hoffnung" zu sein.

Ist die Medizin, sind die Expertenmeinungen das, was uns trägt, nährt und schützt? Frauen sind eher schutzlos den medizinischen Angeboten ausgeliefert. Die Forschung hat sie plötzlich in eine Entscheidungssituation gedrängt, der sie nicht gewachsen sein können.

In früheren Jahrhunderten waren die Frauen mit den Elementen in Verbindung und suchten dort Kraft und Empfängnis eines Kindes. So tauchten sie in lebendiges Wasser ein. Bäume galten als lebendiges Symbol für das Lebensalter: Jedes Jahr kommen neue Blüten und neue Früchte hervor. Die Wurzeln ziehen Lebenskraft aus dem Boden. Auch Steine beeindruckten die Menschen, denn sie führten in eine fremde Welt. Ebenso wurde Kräutern Fruchtbarkeitsstärkung zugeschrieben.

Frauen vertrauen aber auch heute noch den Rhythmen der Natur, mit der sie sich verbunden fühlen. Sie vertrauen auf ihre eigene Kraft und Stärke, mit der sie befähigt wurden, Leben zu geben. Sie vertrauen, wenn möglich, auf ihren Partner, auf die sie begleitende Hebamme oder auf eine Freundin. Das alles ist eingebunden in das Urvertrauen, in die Liebe zum Leben, das auch Leid und Enttäuschung mitträgt.

Aus Vertrauen wächst Hoffnung. „Guter Hoffnung sein" heißt, die Möglichkeit zu erwarten, dass alles gut sein wird. Und diese Hoffnung wirkt umgekehrt wie eine Salutogenese, eine Verstärkung der heilenden Kräfte.

Aus Vertrauen und Hoffnung wächst Gelassenheit. Wenn wir gelassen sind, können wir unterscheiden zwischen dem, was in unserem Handeln steht, und dem, was dieses Handeln bei weitem übersteigt. Das ist keine festgelegte Unterscheidung, sondern eine Grenze, die immer fließend ist. So kann auch dem Anforderungswahn unserer Gesellschaft, die immer nur das Optimale will, eine Gegenkraft erwachsen.

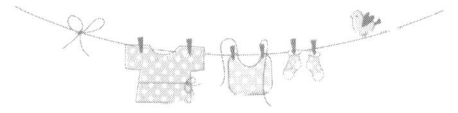

# Bereitsein zur Empfängnis

Heute ist es meist so: Ein Paar plant dann ein Kind, wenn Beruf, Einkommen und Wohnung in Ordnung sind. Dann erst spürt die Frau ihre Bereitschaft, schwanger zu werden. Sie erfährt, wie wichtig ihr Körper ist. Er ist zugleich stark und zerbrechlich.

**Fülle des Lebens**
*Heut fühl ich mich wie ein Baum*
*der sich ganz Frau weiß:*
*Nicht mehr zerbrechlicher Zweig*
*sondern runde Kraft der Eingebung*
*und feste Sicherheit*
*zu wissen, wo ich mich befinde.*
   *Die Wurzeln meines Körpers*
   *sind gesegnet von der Liebe.*
   *Erblüht bin ich im Schaum*
   *der Leidenschaft versprüht*
   *der großzügige Samen des Lebens*
   *und der Schmerz.*
*Ich lernte, dass die Niederlagen*
*Wunden gleich vernarben*
*und dass man in den Kampf zurückkehrt*
*wenn man die Zügel wieder aufnimmt.*
   *Heut fühle ich mich wie ein Baum*
   *der sich ganz Frau weiß.*
   *Hoch, stark, gut gelebt*
   *und voller Reife.*
                              Gioconda Belli


**Ritual für das Menstruationsblut**
Die Frau zündet vier rote Kerzen an, um vier Aspekte ihres Blutes zu benennen:
…
*Für die Kinder, die Gesundheit.*
*Für die Kreativität, die der rote Fluss des Lebens mir gebracht hat.*
*Für die Leidenschaften meines Frauseins.*

*Für das weise Blut, das in mir bleibt,*
*um meine Selbstfindung und mein Engagement*
*für soziale Gerechtigkeit zu vertiefen.*
Diann L. Neu

Schon in jedem kleinen Mädchen ist diese Kraft angelegt und kommt mit der Menarche, der ersten Blutung, ans Licht.

Das drückt eine **Meditation zur Menstruation** aus, die zwei jüdische Theologinnen geschrieben haben:

*Du hast durch mich gewoben*
*die Möglichkeit des Lebens*
*und heute entfaltet es sich in mir.*
*Eine Frau ist nicht so stark wie die Berge*
*noch so ausdauernd wie die Wüsten.*
*Und dennoch, geschaffen als dein Ebenbild,*
*hat sie die größere Gabe.*
*Wozu sind die Berge und die Wüsten vor deiner Gebärmutter?*
Naomi Janowitz und Maggie Wenig,<br>übersetzt von Hanna Strack

**Vor der Empfängnis**
*Wir sind uns jetzt sicher:*
*Unsere Liebe trägt uns,*
*wir bleiben beieinander.*
*Wir wollen ein Nest bauen,*
*wir freuen uns auf ein Kind!*
*Komm, unser Kind!*
*Komm, du kleines Vögelchen,*

*und wohne bei uns!*
*Alles ist bereit für dich:*
*Das Nest ist schön und warm,*
*wir wollen dich behüten,*
*du sollst wachsen und flügge werden!*
*Du kannst uns glücklich machen.*
*Gott, du schöpferische Lebenskraft,*
*wirke in uns,*
*geh nicht an uns vorüber,*
*damit ein Kind geboren werde! Amen*
Hanna Strack

**Gebet zum Kinderwunsch**
*Gott,*
*du bist unsere Mutter und unser Vater.*
*Auch du warst schon einmal schwanger.*
*Mit der ganzen Welt und mit uns*
*bist du schwanger gegangen.*
*Du hast alles hervorgebracht,*
*wie eine Mutter und wie ein Vater ihr Kind.*
　*Gott,*
　*wir wünschen uns ein Kind.*
　*Wir hoffen, dass wir ein Kind bekommen können,*
　*aber wir haben auch Angst davor.*
　*Wir malen uns alles in den schönsten Farben aus*
　*und fürchten doch,*
　*dass die Wirklichkeit anders wird.*
*Gott,*
*wir legen unseren Kinderwunsch in deine Hände.*
*Wir wollen bei dir geborgen sein.*

*Segne uns in unseren Hoffnungen und Träumen.*
*Stärke uns in unseren Ängsten und Befürchtungen. Amen*
*Christiane Bundschuh-Schramm*

 Viele Frauen brauchen einen positiven Zugang zu ihrer Gebärmutter. Dafür hat sich Ursula Volz-Boers eine **Meditation oder Fantasiereise** ausgedacht, die sie in der Psychotherapie anwendet:

Nehmen Sie eine bequeme Position ein. Dann schließen Sie Ihre Augen.
Nehmen Sie Ihre Aufmerksamkeit von der Außenwelt zurück.
Richten Sie Ihre Aufmerksamkeit nach innen, in Ihr Körperinneres.
Gehen Sie in Ihren Körper hinein.
Lassen Sie sich fallen, und machen Sie es sich in Ihrem Körper bequem.
Nehmen Sie ihn in Besitz, bewohnen Sie ihn.
Wenn das geschehen ist, dann suchen Sie Ihre Gebärmutter auf, streicheln Sie sie mit Ihrer inneren Hand und versuchen Sie, mit ihr eins zu werden.
Bitten Sie die Gebärmutter um Einlass.
Geben Sie sich den Gefühlen hin, die zwischen Ihnen und Ihrer Gebärmutter entstehen, und vertrauen Sie diesen Gefühlen.
Verlassen Sie sich ausschließlich auf diese Gefühle und lassen Sie diese sich selbst formulieren.
Nehmen Sie sich dafür zehn Minuten Zeit.
Ende der Instruktion:
Wir sind in den letzten Minuten angelangt.
Verabschieden Sie sich von Ihrer Gebärmutter.

Vermitteln Sie ihr, dass sie sich auf diese Weise bald wieder begegnen werden.
Wenn das geschehen ist, öffnen Sie Ihre Augen und kehren Sie in die äußere Realität zurück.

Die Gebärmutter ist das erste Kinderzimmer, warm und weich, umsorgt und gut genährt. Das Kind ist als Gast willkommen. Alles ist vorbereitet. Und dann kann es sein, dass das Kind sich nicht gleich anmeldet, oft einfach deshalb, weil die Frau aus dem Alter der Fruchtbarkeit herausgewachsen ist.

Heute gehen viele Frauen auf das Angebot einer künstlichen Befruchtung ein. Das bedeutet eine große Belastung für den Körper und verlangt oft sehr viel seelische Kraft, zumal meistens mehrere Versuche nötig sind.

O geheimnisvolle Gottheit!
*Wir verstehen es nicht, wir verzagen,*
*ein Kind will sich nicht bei uns einfinden.*
*Wie lange warten wir schon?*
*Ist unser Leben ohne Kind*
*nicht leer und arm an Liebe?*
*Nun sind wir dankbar*
*für das Angebot der künstlichen Befruchtung.*
*Wir laden unser Kind ein,*
*den Weg nicht zu scheuen,*
*den Natur und Mensch zusammen gehen.*
*O geheimnisvolle Gottheit,*
*wir sind voll Erwartung,*
*voll Bangen und Hoffen*
*in dieser Zeit.*

*Lass deine schöpferische Kraft wirken
in der medizinischen Technik,
Die Wissenschaft ermöglicht es.
Lass den Urstrom des Lebens fließen
in den Schoß der Frau.
Ihren ganzen Körper setzt sie dafür ein. Amen*
                    *Hanna Strack*


In der großen Familiensaga des Alten Testamentes spielt das Thema ‚Kinderwunsch' eine große Rolle. Die hier genannten Liebesäpfel sind bei uns unter dem Namen Alraune bekannt, denn ihre Wurzeln sehen aus wie eine menschliche Gestalt. Ihnen wurde besondere erotisierende Kraft zugeschrieben, obwohl sie ja eigentlich sehr giftig sind.

Die beiden Schwestern Rahel und Lea sind die Frauen Jakobs. Ruben ist ein Sohn der Lea. Die Frauen wollten beide wieder ein Kind von Jakob empfangen. Sie wussten, dass die Früchte des Baumes „Dudajim" Liebeswirkung hatten. „Nun ging einmal Ruben hinaus zur Zeit der Weizenernte und fand auf dem Feld Dudajim, Liebesäpfel. Er brachte sie zu Lea, seiner Mutter. Da sagte Rahel zu Lea: ‚Gib mir doch von den Liebesäpfeln deines Sohnes ab!'" (1. Mose 30,14)

Im tibetischen Buddhismus gibt es besondere Rituale für die Zeit der Empfängnisbereitschaft. Dazu gehört eine spirituelle Vorbereitung. Die Frau sucht einen Lama auf, einen spirituellen Ratgeber und Lehrer, um sich seinen Rat und Segen zu holen. Dem Paar werden Gebete zur Göttin Grüne Tara empfohlen. Die Meditationen sind Lobgesänge oder Imaginationen, begleitet von Glöckchen, Zimbeln und Trommeln. Dabei kommt Energie auf das Paar. Reinigung von Böswilligkeit, Hass, Neid und allen negativen Handlungen und Pilgerreisen gehören dazu.

## Schwangersein: sich dem Wandel öffnen

Die tief greifenden Veränderungen bei jeder Frau, die aus der Aktivität der Gebärmutter herrühren – Menarche, Menstruationszyklus, Schwangerschaft, Krankheiten, Operationen, Wechseljahre –, sie alle brauchen Anerkennung, Stärkung und spirituelle Antworten, nicht nur solche aus der Medizin und Pharmaindustrie.

Die Gebärmutter ist selbst ein Ort und ein Symbol für Wandlung. In ihr liegt diese Fähigkeit der Metamorphose. Da sind die Erfahrungen des Wandels bei unerfülltem Kinderwunsch zu einer neuen Lebensform, bei Unvorhersehbarem in der Schwangerschaft, das zu Entscheidungen zwingt, bei der seelischen Bereitschaft zur Patchworkfamilie und später wieder in den Wechseljahren. Wandel ereignet sich im Dreierschritt: loslassen, sich dem Neuen öffnen und sich dem Offenen ausliefern.

Friederike nennt die Bedingungen, die für sie hilfreich waren, um die Geburt ihres Kindes als spirituelles Ereignis zu erleben:
→ das Zuhause-Fühlen in meinem Körper und Lauschen auf seine Bedürfnisse

- das Wissen um die Abläufe während der Geburt. Ich begrüßte die Anfangswehen mit „Ich öffne mich".
- Konzentration auf meine Atmung
- die Geburt durch eigene Aktivitäten begleiten, laufen und auch tanzen
- Ich kannte die Hebamme und vertraute ihr.

Angelika erinnert sich: „Aus der ersten Ahnung wird Gewissheit: Neues Leben wächst in mir. Meine Gebärmutter ist zum Nährboden für neues Leben geworden. Ich freue mich, es ist eine zarte Freude. Nicht, weil ich das Kind nicht will, nein, die Furcht vor einer Fehlgeburt mischt sich in die Freude. Werde ich es bis zum Ende der Schwangerschaft schaffen, werde ich es tatsächlich erleben können, Mutter zu werden? Wem teile ich es mit? Sage ich es meinem Adam? Oder bleibt es noch Geheimnis?"

Diese Veränderung ereignet sich in der Grenze von Leben und Tod, der gebärende Frauen begegnen.

Julia hat es so erlebt: „Von dem Moment an, als ich spürte, dass ich ein Kind in meinem Bauch trage, fühlte ich mich wie umgeben von einem Lichtstrahl, der mich auch nicht mehr verlassen hat. An einem Tag, an dem ich viele Leute erwartete, überraschte mich mein Gleichmut und dieses tiefe Vertrauen, dass ich von nun an nicht mehr allein bin. Ich weiß noch, als mich dieser Gedanke das erste Mal ereilte – es war, als ich die ersten Bewegungen Jacobs in meinem Bauch wie schmetterlingshafte Flügelschläge spüren konnte –, war ich wie außer mir und zugleich ganz tief bei mir. Es war ein tiefes Glücksgefühl, das mich umfing wie eine goldene wärmende Lichtquelle. In allen Zeiten meiner Schwangerschaft gab es diese Quelle, und das, obwohl ich mich in einer höchst komplizierten Beziehung befand und viele Dinge klären musste."

**Ich bin schwanger!**
*Bin ich nun guter Hoffnung*
*oder eine Risikopatientin?*
*Vertraue ich nun dem Mutterpass*
*oder der göttlichen Liebe?*
*Freude wechselt mit Unruhe,*
*statt der Liebe spüre ich eine Last.*
*Einsam bin ich*
*unter den Freundinnen,*
*zu zweit ist mein Körper.*
*Ich bete darum, heilige Lebenskraft,*
*zufrieden und glücklich zu sein,*
*mich hinzugeben*
*für die Knospe,*
*die in mir zur Blüte treibt! Amen*
*Hanna Strack*


**Segenswunsch einer Schwangeren**
*Aus der Tiefe meiner Sehnsucht*
*wende ich mich dir zu*
*und bitte dich um deine Gaben,*
*von denen ich schon so viele empfangen habe.*
   *Aus der Tiefe meines Herzens*
   *komme ich zu dir*
   *und bitte dich um deine Gegenwart,*
   *dass sie sich auf mich lege*
   *wie ein Schleier.*
*Aus der Tiefe meiner Seele*
*öffne ich mich dir*
*und bitte dich um deinen Segen*

*für mich*
*für mein Kind*
*und für die ganze Welt. Amen*
　　*Christiane Bundschuh-Schramm*

 Dazu können Sie diese Übung machen:
Sie beginnen mit zusammengelegten Handrücken vor dem Unterleib, nach oben geführt und – geöffnet und an den Fingerkuppen berührend – zum Himmel ausgestreckt. Die Arme nach beiden Seiten öffnen bis zur Kreuzgestalt, dann die nach oben geöffneten Handflächen nach unten drehen und die Arme zum Körper führen.

**Mutterschaft**
*Mein Leib,*
*als ein ergiebiger Boden*
*schwillt an.*
*Schon wird mein ebener Bauch*
*zu einem runden, klopfenden Hügel,*
*und darin wächst*
*so geheimnisvoll*
*in Wasser, Blut und Stille*
*wie eine sich öffnende Faust das Kind,*
*das du sätest*
*in das Innere meiner Fruchtbarkeit.*
　　　　　　*Gioconda Belli*

**Segen**
*Die Kraft aus den Tiefen der Erde
durchströme mich,
wie der Saft im Frühjahr
die Blumen blühen lässt.
Die Kraft aus den Höhen des Himmels
senke sich auf mich,
wie der Tau in der Nacht,
der die Erde feuchtet.
Die Kraft aus der Mitte
schütze mich,
erfülle mich,
öffne mich. Amen*
Jutta Voss

Dazu eine Übung, die zum Text passt:
sich tief hinunter beugen, wie Wasser schöpfen, dann die Arme nach oben führen, nach vorn strecken und in weitem Bogen zurück zur Körpermitte, die Hände auf den Bauch legen.

# Mein Kind wächst in mir

Die Lebenszeit vor der Geburt ist in unserem Denken nicht so präsent, wie es ihrer Bedeutung entspricht. Barbara Findeisen, Psychotherapeutin in Texas, vergleicht den Menschen mit einem Baum. Sie macht anhand dieser Bilder deutlich, dass wir heute den Blick auf die Wurzeln verloren haben. Die Wurzeln haben wir abgeschnitten:

Doch wir können wieder den ganzen Menschen sehen, einen Baum mit Wurzeln:

In der Schwangerschaft ist es wie in der Pflanzenwelt: Wachstum in einem abgeschlossenen, dunklen und feuchten Ort, dem Schoß der Erde vergleichbar. Das Kind im Mutterleib ist wie eine Blume in einer Vase mit Leben spendendem Wasser, wie ein Sämling, der in fruchtbarer Erde gezogen wird. Auch das Kind entzieht dem Leib der Mutter den Saft, den es zum Wachsen braucht.

Angelika: „Alles verändert sich in mir, nur um mich herum bleibt alles beim Alten. Erkennen Freunde und Fremde, was in mir vorgeht? Sieht mir die Friseurin an, dass ich schwanger bin, obwohl noch kein Bauchansatz zu sehen ist?

Ich bin vorsichtig, esse nur, was mir auch gut bekommt, versuche der alltäglichen Hektik Einhalt zu gebieten, haste weniger schnell zum Supermarkt.

Die ersten drei Monate sind überstanden, die Übelkeit legt sich, ich werde lockerer. Das Herz des Kindes sehe ich im Ultraschall schlagen. Ich bekomme den Mutterpass. Ein Zipfel mehr Gewissheit, dass das wachsende Leben bei mir bleibt, breitet sich in mir aus.

Da endlich, ein erstes Anstupsen, ein erster fühlbarer Dialog. Ich bin glücklich.

Der Bauch wölbt sich langsam nach vorn. Menschen nehmen wahr: Sie ist schwanger. Fragen werden gestellt.

Ich will bei mir sein und bin doch auch außer mir. Ich schwanke zwischen Rückzug und Im-Leben-Stehen mit all seinen Aufgaben. Ich freue mich auf die Momente mit meinem Baby. Ich streichle meinen Bauch und erhalte Antwort. Ich höre Musik und spüre das Echo in mir. Ich rede mit dem Kleinen und ich bete zu Gott.

Die letzte Etappe bis zum Gipfel ist angebrochen. Alles wird mühsam. Treppen steigen, einkaufen, anziehen, essen. Der Rücken will nicht mehr, liegen geht nur noch auf der Seite. Ich kann nur noch langsam gehen, der Bauch wird hart und stoppt jede Geschwindigkeit. Der Bauch ist zur Kugel geworden."

Maria tauscht sich mit der Nachbarin aus: „Meine türkische Nachbarin fragt mich fast jeden Tag: wann Baby kommen? Dann zucke ich mit den Schultern und grinse. Sie sagt dann: ‚Nur Gott wissen.' Dann lachen wir beide und gehen weiter unseren Weg. Das ist jedes Mal so schön, dass wir uns so einig sind, auch wenn wir verschiedene Religionen haben, nicht mal wirklich miteinander sprechen können und sicher ganz anders erzogen wurden …"

**Segen für eine schwangere Frau**
*Möge unsere Mutter Gott dich sicher behüten*
*bis zur Stunde deiner Niederkunft.*
*Mögest du und alle, die gespannt warten auf „deine Stunde",*
*von Frieden umhüllt sein.*
*Möge unser Gott des geduldigen Wartens*
*während dieser Tage der Erwartung deine Stärke sein.*
*Möge unsere Hebamme Gott dich schützen und trösten*
*während deiner Geburtsarbeit.*
*Möge unser Gott der Liebe und des Lebens*
*deine Geburtsschmerzen in Freude verwandeln*
*in die Gabe eines gesunden Kindes.*
*Möge unsere nährende Mutter Gott*
*dich mit Überfluss von Milch versorgen,*
*um dein Neugeborenes zu nähren.*
*Und möge der Segen dieses Gottes,*
*der uns mit Freude empfangen*
*und in Schmerzen geboren hat*
*und uns in Liebe verwandelt,*
*zur Fülle des Lebens und Fruchtbarkeit,*
*möge dieser Gott dich segnen*
*und dich in ihrer weiblichen Zärtlichkeit halten*
*heute und alle Tage.*
                    *Maria Kersten, übersetzt von Hanna Strack*

**Segen für das Kind im Mutterleib**
*Kind, sei gesegnet in deinen Füßen,*
*die dich tragen in allem, was du tust!*
*Kind, sei gesegnet in deinem Herzen,*
*dass du gütig und lebendig sein kannst!*
*Kind, sei gesegnet in deinen Schultern, Armen und Händen,*
*dass du das Gute tun kannst!*
*Kind, sei gesegnet in deinem Kopf,*
*dass gute Gedanken aus dir entspringen!*
*Kind, sei gesegnet in deinen Sinnen,*
*dass du der Erde und allem, was lebt,*
*mit Achtsamkeit begegnen kannst! Amen*
Hanna Strack


**Bauchgedanken**, im sechsten Monat
*Du machst dich ganz schön breit, mein Kind,*
*nimmst mich in Beschlag, dass ich nur noch Bauch bin.*
*Wenn ich unterwegs bin,*
*geht der erste Blick der Leute auf dich in diesem Riesenbauch.*
*Manchmal lache ich darüber*
*und bin stolz auf mich und auf dich.*
*Und manchmal könnte ich heulen,*
*unförmig wie ich bin,*
*aus den Nähten platzend, dick.*
*Du erlaubst dir ganz schön viel mit mir, mein Kind.*
*Und während ich das denke,*
*muss ich schon wieder lachen*
*über dich in meinem Bauch.*
Christiane Bundschuh-Schramm

**Bitte um eine ruhige Nacht**
*Mein Kind bewegt sich unentwegt,*
*der Ischias schmerzt heftig,*
*die Gedanken wandern sorgenvoll. –*
*Gott, du allumfassender Mutterschoß,*
*in dir bin ich geborgen,*
*so wie mein Kind in meinem Bauch.*
*Lass mich Ruhe finden in dieser Nacht,*
*schenke mir einen guten Schlaf.*
*Dann wache ich am Morgen auf*
*mit neuer Kraft für den Tag*
*und danke dir dafür! Amen*
*Hanna Strack*


**Psalmgebet über das Weben im Mutterleib**
*Ja, du hast meine Nieren gebildet,*
*hast mich gewebt im Leib meiner Mutter.*
*Ich danke dir, dass ich auf erstaunliche Weise wunderbar*
*geschaffen bin.*
*Wunder sind deine Taten, meine Lebenskraft weiß darum.*
*Meine Knochen waren nicht vor dir verborgen,*
*als ich im Verborgenen gemacht wurde,*
*als ich gebildet wurde in den Tiefen der Erde.*
*Noch unfertig erblickten mich deine Augen.*
*In dein Buch waren sie alle geschrieben,*
*die Tage, die schon vorgebildet waren,*
*als noch nicht einer von ihnen war.*
*Psalm 139,13–16*

Als Maria mit Jesus schwanger war, besuchte sie ihre Kusine Elisabet, die mit Johannes, dem Täufer, schwanger war. Elisabet versteht die Kindsbewegungen des kleinen Johannes als Zeichen der Verehrung für Jesus: „Und als Elisabet den Gruß Marias hörte, da hüpfte das Kleine in ihrem Bauch. Elisabet wurde mit heiliger Geistkraft erfüllt, und sie brach mit lauter Stimme in die Worte aus: ‚Willkommen bist du unter den Frauen, und willkommen ist die Frucht deines Bauches! Woher weiß ich, dass die Mutter meines Herrn zu mir kommt? Siehe, als dein Gruß in mein Ohr hineinkam, da hüpfte das Kleine in meinem Bauch voller Jubel. Glücklich ist, die geglaubt hat, dass sich erfüllen werde, was die Lebendige (= Gott) zu ihr gesagt hatte.'"
(Lukas 1,41–45)

In dem Sonnengesang des Pharao Echnaton wird die Macht und Kraft der Sonne besungen. Der Text ist etwa 1300 v. Chr. geschrieben worden: „Der du den Samen sich entwickeln lässt in den Frauen, der du ‚Wasser' zu Menschen machst, der du den Sohn am Leben erhältst im Leib seiner Mutter und ihn beruhigst, sodass seine Tränen versiegen – du Amme im Mutterleib! – der du Atem spendest, um alle Geschöpfe am Leben zu erhalten. Kommt (das Kind) aus dem Mutterleib heraus, um zu atmen am Tag seiner Geburt, dann öffnest du seinen Mund vollkommen und sorgst für seine Bedürfnisse. Das Küken im Ei, das schon in der Schale redet – du gibst ihm Luft darinnen, um es zu beleben. Du hast ihm seine Frist gesetzt, (die Schale) zu zerbrechen im Ei; es geht hervor aus dem Ei, um zu sprechen zu seiner Frist, es läuft schon auf den Füßen, wenn es herauskommt aus ihm."

# Spiritualität des vorgeburtlichen Kindes

Nach allem, was wir heute über die seelische Entwicklung des Kindes im Bauch der Mutter wissen, überrascht es uns nicht, dass das Kind auch Erfahrungen macht, die wir als spirituelle Erlebnisse bezeichnen können. Die Gebärmutter ist nicht nur der Wachstumsraum, sondern auch der Seelenraum des Kindes.

Mehrere Erlebnisse des Kindes lassen das vermuten:
- die Nahtoderfahrungen bei der Einnistung und durch die Mutter übertragene Angstzustände,
- die Plazenta als Nahrungs- und Kraftquelle,
- das ungeheuer schnelle Wachstum,
- das Getragen- und Geschaukeltwerden,
- die Stimme der Mutter, die für das Kind wie eine himmlische Stimme klingt

Das Kind spürt im Mutterleib dieses ozeanische Gefühl, das wir als eine Grundstimmung des religiösen Erlebens empfinden.

Der Psychotherapeut James Hillman geht in die Tiefe unserer kulturellen Symbolik. Er sieht die bisherige alles überragende männliche Deutungsmacht und benennt, was uns bisher verborgen war: Die Grunderfahrung in der Gebärmutter, die ausnahmslos alle Menschen gemacht haben, ist auch Grund unseres Glaubens: „Der weibliche Grund ist das umfassende Behältnis, das empfängt, hält und trägt. Es gebiert und nährt und ermutigt uns, zu glauben. Dieser Grund ruft uns freundlich heim zu uns selbst, gerade so, wie wir sind. Ich wüsste nicht, wie wir uns besser, oder wie wir uns anders für das religiöse Moment vorbereiten können, als indem wir unsere eigene unbewusste Weiblichkeit kultivieren, ihr innere Kultur verleihen."

**Gebet um die Gegenwart der Heiligen Geistkraft**
*Uns alle hast du, Gott, im Bauch unserer Mütter gewoben.*
*Wir danken dir dafür!*
*So fühlen wir uns auch heute und hier in dir geborgen*
*wie damals bei unserer Mutter.*
*Voll Vertrauen begleiten wir nun auch diese Kinder,*
*die im Bauch ihrer Mütter heranwachsen*
*wie Blumensamen in der Erde*
*und wie diese ins Leben und ins Licht drängen.*
*Berühre sie mit deinem Geist,*
*dass ihre Seele mit Freude erfüllt werde! Amen*
   *Hanna Strack*

Der buddhistische Mönch und Lehrer Thich Nhat Hanh meditiert über das Leben in der Gebärmutter (gekürzt): „Erinnern Sie sich daran, wie es war, im Bauch Ihrer Mutter zu sein? … Ich glaube, wir alle hatten dort ab und zu die Gelegenheit zu lächeln. Geschützt im Bauch unserer Mutter fühlten wir uns recht sicher. … Viele Menschen haben das Gefühl, einst an einem sicheren Ort gewesen zu sein, in einem wundervollen Paradies, und jetzt ist ihnen dieses Paradies abhandengekommen. Da stellen wir uns vor, irgendwo außerhalb müsse es einen Ort geben, frei von Sorgen und Angst. Wir sehnen uns danach, dorthin zurückzukommen. Im Vietnamesischen bedeutet das Wort Gebärmutter ‚Palast des Kindes'.

Das Paradies war im Innern unserer Mütter. In ihrem Bauch haben die Mütter für uns gesorgt. Ich vermute, sie haben für uns auch geträumt. Und wenn unsere Mütter lächelten, so glaube ich, da lächelten auch wir. Hatten die Mütter einen schweren Traum, der sie dazu brachte, im Traum zu weinen, dann weinten wohl auch wir. Wir teilten mit ihnen ihre Träume und ihre

Albträume. … Vielleicht kam es vor, dass sie [die Mutter] uns gelegentlich vergaß, und dann konnte es geschehen, dass wir sie getreten haben. Unser Tritt war eine Glocke der Achtsamkeit, und wenn sie sie wahrnahm, mag sie gesagt haben: ‚Schatz, ich weiß, dass du da bist, und das macht mich sehr glücklich.' Das war unser erstes Mantra."

Während der Jahrtausende, in denen die Bibel und andere religiöse Schriften geschrieben wurden, haben die Menschen ein Wissen um diese Erlebnisse im Mutterleib gehabt und sie auch ausgesprochen:

„So spricht Gott: Ich habe dich gemacht und dich gebildet, vom Mutterleib an habe ich dir geholfen. Hab keine Angst, Jakob, ich habe dich erwählt." (Jesaja 44,2)

Der Verkündigungsengel sagt zu Elisabet über ihr Kind Johannes, den Täufer: „Er wird nämlich groß sein vor Gott, der Lebendigen, Wein und Bier trinkt er nicht und er wird voller heiliger Geistkraft sein, schon vom Mutterleib an." (Lukas 1,15)

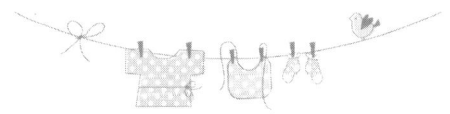

# Zwillinge

Wenn eine Frau Zwillinge oder Drillinge erwartet, ist das immer ein besonderes Ereignis. Wie werden die Kinder heranwachsen im Bauch? Wie schaffen wir Eltern es, diese Kinder zu versorgen? Viele Gedanken gehen durch den Kopf. Die

Ärzte und Ärztinnen sehen in der Frau sofort eine Risikoschwangere.

Da wir heute schon sehr früh durch Ultraschall Zwillingsschwangerschaften entdecken können, erfahren wir nun, dass sehr oft eines der Kinder früh stirbt. Die Psychologen und Psychologinnen, die sich mit den vorgeburtlichen Erlebnissen beschäftigen, erkennen darin auch eine seelische Belastung des überlebenden Zwillings, der das natürlich gar nicht weiß. So ist z. B. das Kind zeitlebens auf der Suche nach etwas, das es gar nicht kennt.

Die Ankunft von Zwillingen, besonders männlichen Zwillingen, ist ein besonderes Ereignis. So gründen Romulus und Remus die Stadt Rom, die Zwillinge Castor und Pollux sind Sternbilder am Winterhimmel. In der griechischen Mythologie sind Castor und Pollux Söhne des Zeus, so genannte Dioskuren. Pollux ist ein Halbgott, Castor ein Sterblicher. Heute sprechen wir von ihnen als einem unverbrüchlichen Freundespaar.

Elke ist überrascht: „Hurra, es werden Zwillinge! Lange schon haben wir uns ein Kind gewünscht und viel dafür getan. Plötzlich war ich schwanger. Zunächst war ich noch unsicher, hatte es wirklich funktioniert? Ich ging zum Arzt, der sagte: ‚Sie sind so richtig schwanger.' Ich bekomme Zwillinge. Freude und Unsicherheit liegen dicht beieinander, wie bei jeder anderen Frau auch, die schwanger wird. Ich bin auf der Suche nach anderen Müttern mit Zwillingen, damit ich mich austauschen kann. Wir suchen eine größere Wohnung, um mehr Platz für uns alle zu haben … Wir freuen uns und sind sehr gespannt auf unseren neuen Lebensabschnitt."

Für die Zwillinge im Bauch der Mutter können Sie das Segensgebet so abändern:

*Kinder, seid gesegnet in euren Füßen,*
*dass sie euch tragen werden in allem, was ihr tut!*
*Kinder, seid gesegnet in eurem Herzen,*
*dass ihr gütig und lebendig sein könnt!*
*Kinder, seid gesegnet in euren Schultern,*
*Armen und Händen,*
*dass ihr das Gute tun könnt!*
*Kinder, seid gesegnet in euren Köpfen,*
*dass gute Gedanken aus euch entspringen!*
*Kinder, seid gesegnet in euren Sinnen,*
*dass ihr der Erde und allem, was lebt,*
*mit Achtsamkeit begegnen könnt! Amen*
                                            *Hanna Strack*

In der großen Familiensaga der Bibel wird auch erzählt, dass Rebekka, die Frau des Isaak, mit Zwillingen schwanger ist. Die Zwillinge, die späteren Jakob und Esau, machten so aggressive Kindsbewegungen, dass Rebekka ein Gottesorakel einholte und Gott befragte: „Wenn das so ist, wozu bin ich dann da?" Und Gott sagte ihr: „Zwei Völker sind in deinem Leib, zwei Nationen trennen sich bereits in deinem Schoß. Eine Nation ist der anderen überlegen, und der Ältere wird für den Jüngeren arbeiten."
(1. Mose 24,22–23)

*Die Geburt:
Eine Begegnung
mit dem Heiligen*

Alle, die bei der Geburt anwesend sind, sprechen von einer tiefen Ergriffenheit, sei es durch die Dramatik und Todesängste, sei es durch die Glückseligkeit und das Wunder des neuen Lebens. Die Atmosphäre im Raum ist eine ganz besondere, am liebsten möchten die Mutter und der Vater innehalten und still das Glück genießen. Diese Zeit ist herausgenommen aus der messbaren und geschäftigen Zeit, die die Griechen *chronos* nannten. Sie ist eine inhaltlich gefüllte Zeit, ein *kairos,* eine heilige Zeit.

Wovon sind sie alle ergriffen? Es ist der Urstrom des Lebendigen, das Heilige schlechthin. Es ergreift die Menschen in der Tiefe ihrer Existenz bei großem Glück, aber auch bei erschütterndem Schmerz.

Denn im Körper der Frau geschieht Schöpfung und Tod.

# Die Schöpfungskraft der Frau

Alles menschliche Leben wird von einer Frau geboren. Diese Schöpfungskraft der Frau gerät durch die Fortentwicklung der Medizin und der Überwachungstechniken in den Hintergrund. Aber ihr Körper ist dafür eingerichtet, dass die Frau aus eigener Kraft und mit der Unterstützung einer Hebamme gebären kann.

Daniela schreibt nach der Geburt ihres dritten Kindes: „Ich will Frauen Mut machen, ihrer inneren Stimme zu folgen, auf ihren Körper und auf göttliche Führung vertrauend eine Geburt zu wagen, die eben kein angstvoll erwarteter, erschreckender Moment sein muss, sondern ein bewusst erlebtes, feierliches Ereignis, das zur großen Kraftquelle auch für spätere Zeiten werden kann. Ich habe in meinen drei Schwangerschaften und vor allem in den beiden Hausgeburten sehr, sehr viel über mich und meine innewohnende Stärke erfahren. Wie viele Frauen lassen sich diese Möglichkeit, dem eigenen Rhythmus zu folgen, durch medizinisch geleitete Geburten nehmen, obwohl eigentlich keine Indikationen vorlagen, die dies nötig gemacht hätten."

**Schöpferkraft**
*Ein Kind*
*ist ein Kind*
*in meinem Bauch*
*Winzling zart*
*unberührbar*
*sanfter Flügelschlag unter meinen Händen*
*unantastbar sollst du sein*
*so zerbrechlich bist du*
*ich hülle dich ein*
*in meinen weichen, roten Mantel*
*aus Fleisch und Blut und Sehnsucht,*
*dass SIE dir den Segen des Lebens schenke*
*SIE*
*unsere Schöpferkraft*
*hält dich und mich*
*geborgen*
*zu wunderbar ist das*
*ich kann es nicht begreifen*

*rund*
*ist unser Leben*
*so rund wie Mond, Bauch und Sonne*
*und das Glück, das leise tollt und rumort*
*und wie ein hüpfender Ball seinen Reigen tanzt*
　　　　　　　　　　　　*Elisabeth Naurath*


In neuen Übersetzungen der Bibel kommt deutlich zum Ausdruck, dass die Frau, hier Eva, zusammen mit Gott das Kind hervorbringt. „Dann erkannte der Mensch als Mann die Eva, seine Frau; sie wurde schwanger, gebar den Kain und sprach: ‚Ich hab's gekonnt, einen Mann erworben – mit Gott.'" (1. Mose 4,1) Der Name Eva bedeutet: Die Leben Gebende (1. Mose 3,20) So ist Eva das Urbild der schöpferischen Kraft der Frau.

Ibn Arabi (12. Jh.), der Begründer des Sufismus, einer Form des Islam, lehrte, dass die Schöpfung durch eine göttliche kreative Imagination entstand. Gott schuf das Universum, indem er es imaginiert. Deshalb ist das Göttliche auch in allem und erscheint dem jeweiligen Menschen als sein Engel.

In dem Roman „Das Buch, das vom Himmel kam" (von Ahmad Vincenzo) spricht der Romanheld Zayd, er ist Sekretär Mohammeds, über dessen Beziehung zu seiner Frau Karima: „Zayd war die Beziehung zwischen Karima und ihrem Kind oft wie ein Wunder vorgekommen. Einmal hatte ihm Mohammed gesagt, dass der Uterus einer Mutter direkt am Himmel aufgehängt sei, was Zayd als großartiges Bild empfand."

# Der Körper der Frau in der Geburt

Die Hebamme Johanna Vogt schreibt über den Körper der Frau: „Der kraftvolle Prozess der Geburt ist wie ein Schöpfungsakt, an dem die Frau durch ihre Fähigkeit zu gebären aktiv teilhat. Die Gebärmutter ist der größte Muskel, den ein Mensch entwickeln kann. Hauptsächlich mit der Kraft dieses Muskels wird das Kind geboren. Wir wissen, dass Geburten sehr unterschiedlich verlaufen können. Wenn eine gesunde Schwangere in einer personell, zeitlich und räumlich geschützten Umgebung ihr Kind zur Welt bringen darf, dann wird sie es mit großer Kraft und Sicherheit tun. Die Hebammen müssen diesen schöpferischen Prozess aufmerksam begleiten, die Frau in ihren Fähigkeiten bestärken und mögliche Gefahren schützend und rechtzeitig abwenden. Dann wird dieser faszinierende Vorgang der Geburt zur vollen Entfaltung kommen und die Eltern können bestärkt den gemeinsamen Weg mit dem Kind aufnehmen."

Gunhild erinnert sich: „Am Sonntagmorgen platzte die Fruchtblase und der Saft des Lebens ergoss sich auf das Laken. Drei Wochen vorher kündigte sich das Baby schon jede Nacht an, war jedoch noch nicht bereit und morgens waren die Kontraktionen vorüber. Nun sollte es wirklich beginnen. Der erwartete Moment war da. War ich jetzt überhaupt schon bereit? Wie wird es werden, so mit dem Familienzuwachs? Fragen über Fragen gingen mir durch den Kopf.

Dann kam die erste Wehe. Mit einem Mal war ich komplett im Hier und Jetzt. Es blieb kein Raum für Fragen nach der Vergangenheit und der Zukunft. Es zählte nur: Ich sollte ein Kind gebären. Mein Freund und ich waren in diesem Moment sehr einig. Die Rollenverteilung war wortlos klar. Wie die Natur mich zur gebärenden Frau machte, so übernahm er die Rolle der helfenden Hand.

Mein Sohn sollte in der Badewanne geboren werden. Die Schmerzen waren stark, kraftvoll und brachten meinen Körper in Wallung. Ich ließ mich auf den Schmerz ein, eine völlig neue Erfahrung. Sonst versucht man den Schmerz zu umgehen, positioniert den Körper so, dass man ihn nicht so sehr spürt. Jetzt sagte mir meine Urstimme: Es ist gut so – lasse den Schmerz zu. Und ich folgte meiner inneren Stimme.

Ich hatte das Gefühl, ich zerreiße und das Bewusstsein, wie es immer war und sein wird, wenn Frauen gebären. Ich war Gebärende, wie so viele vor mir und nach mir. Das brachte mich jeder Einzelnen nahe und sie alle waren bei mir und halfen mir – ich war allein und doch in Gemeinschaft. Ich schaffe neues Leben, das da an mir zieht, fühlte mich plötzlich Teil des ‚Ganzen', des ‚Universums'.

In Gedanken sagte ich mir: Lasse los – neun Monate habe ich dich, mein Kind genährt, jetzt darfst du in diese wundervolle Welt gehen. Ich war stolz, das Köpfchen zu sehen. Der Schmerz war nebensächlich geworden. Ich hielt mich an die Vorstellung, mit Gottes Hilfe Teil der Schöpfung zu werden. Wir sind im Kreislauf des Lebens, des Seins, ganz da und doch entfernt von ‚unserer Realität'. Sonst übliche Ansichten und Ängste wurden nebensächlich. Ich war wie im Trancezustand, durfte hinter den Schleier unseres Bewusstseins schauen. Dafür danke ich. Als unser Sohn auf meine Brust gelegt wurde, weinte ich Freudentränen vor Liebe und Stolz. Ich habe es geschafft und mit geschaffen. Ich bin die Frau, die dieses Kind unter Schmerzen geboren hat. Ich habe den Schmerz überwunden. Ich bin stark und mein Kind ist es auch. Ich bin dankbar für dieses großartige Geschenk, das Gott mir gemacht hat.

Die Geburt dauerte drei Stunden und es war ein großartiges Erlebnis, bei dem für mich neue Aspekte auf das Leben in meiner Spiritualität geöffnet wurden."

**Wassergeburt**
*Die Mutter atmet*
*die Anstrengung*
*in sich hinein*
*ruhig im Wasser liegend,*
*Atem: Heilige Geistkraft.*
*Ruhig und voll Würde*
*gleitet der kleine Kopf*
*sicher ins Wasser.*
*Der Neuankömmling spricht:*
*Hier bin ich!*
*Gottes Schöpfung*
*in einem einzigen Augenblick!*
     *Hanna Strack*


**Weg des Segens, Blessing Way**
Ein Ritual aus der Kultur der nordamerikanischen Indianer kann eine Anregung sein zu einer kleinen Feier während der Schwangerschaft oder nach der Geburt, durch die die Frau begleitet und gestärkt werden kann.

Am besten ist es, sich von diesen Fragen bei der Vorbereitung leiten zu lassen:

→ Welche Frau soll geehrt werden, wie ist ihre besondere Situation?
→ Was wollen wir für diese Frau mit dieser Feier ausdrücken?

→ Wie können wir ihre Mutterschaft ehren?
→ Wen wollen wir dazu einladen?
→ Welches ist die beste Zeit dafür?
→ Wer von uns soll die Feier anleiten?
→ Welche Worte wollen wir sprechen?
→ Was wollen wir dabei tun? Symbolhandlungen, welche Gesten, Tänze, Geschenke, Essen?
→ Wie können alle beteiligt werden?

**Segensfeier für das Geburtszimmer**
Wenn die Geburt beginnt, können die Schwangere und ihre Hebamme, der Vater, die Kinder, die Großeltern, Freundinnen sich nacheinander den vier Himmelsrichtungen zuwenden. Sie nehmen eine Kerze mit und/oder bestreichen die Türpfosten, Fensterrahmen mit einem Duftöl. Danach stellen sie die Kerze an den Platz, den sie während der Geburt innehat.

*Im **Norden** ist Klarheit und Entscheidung,*
*ist Nüchternheit, auch Radikalität.*
*Hier ist die Quelle für den Sinn für die Realitäten.*
*Wir rufen dich, göttliche Weisheit,*
*dass du der Gebärenden Kraft spendest.*
*Im **Süden** ist Wärme und Nahrung,*
*ist Erholung und neue Kraft.*
*Hier ist die Quelle für die Hingabe.*
*Wir rufen dich, göttliche Weisheit,*
*dass du der Gebärenden Gelassenheit schenkst.*
*Im **Westen** ist Risikobereitschaft*
*und Grenzerfahrung,*

*sind Licht und Dunkelheit.*
*Hier ist die Quelle für den Mut zur Veränderung.*
*Wir rufen dich, göttliche Weisheit,*
*dass du die Gebärende von Angst befreist.*
*Im **Osten** ist Aufbruch und Heiterkeit,*
*ist Neugierde und Begeisterung.*
*Hier ist die Quelle, wo neues Leben beginnt.*
*Wir rufen dich, göttliche Weisheit,*
*dass du der Gebärenden alle Sinne öffnest.*

*Getragen von den göttlichen Kräften*
*aus den vier Himmelsrichtungen*
*kann die Geburt beginnen.*

*Hanna Strack*

In anderen Zeiten und in anderen Ländern war der Geburtsort ganz anders, oft das eheliche Schlafzimmer, die Badewanne, im Meer oder wie in Afrika die Wüste. In der Bibel werden noch andere Geburtsorte genannt: Wieder aus der Familiensaga des Alten Testamentes erfahren wir, dass die Leihmutter auf dem Schoß der Auftraggeberin geboren hatte: Rahel sagte zu Jakob: „Sieh, da ist meine Sklavin Bilha. Geh zu ihr, dann wird sie auf meinen Knien gebären und ich werde durch sie aufgebaut." (1. Mose 30,3)

Rahel bekam doch noch einen Sohn, den sie am Wegesrand beim Weidewechseln gebären musste. Ihre Hebamme sagte: „Fürchte dich nicht, denn auch diesmal bekommst du einen Sohn!" (1. Mose 35,17)

In dem wunderschönen Liebesgedicht, Hohes Lied genannt, lädt der Liebhaber seine Freundin ein, sich unter den Apfelbaum zu legen, wo schon die Mutter sie geboren hatte. (Hohelied 8,5)

Aus der Weihnachtserzählung kennen wir die Geburt im Stall: „Und sie (Maria) gebar ihren ersten Sohn (Jesus), wickelte ihn in Windeln und legte ihn in eine Futterkrippe. Denn sie hatten keine Unterkunft." (Lukas 2,7)

## Die Schmerzen

Die Muskelarbeit der Gebärmutter ist schmerzvoll. Dies empfinden Frauen in allen Kulturen unterschiedlich stark. Die Schmerzen haben keinen Selbstzweck. Sie dienen dem Neuen, der Ankunft eines neuen Menschen und dem schmerzhaften Loslassen zwischen der Mutter und dem Kind.

Die schwedische Hebamme Pirkko Farieta sagt in einem Interview: „Wenn die Frau doch schon vor der Entbindung in das Denken eingeführt werden könnte, welches Privileg es ist, ein Kind zu gebären, und die Kraft und Fähigkeit zu besitzen, um Leben zu schenken. Wenn die Frau dies einsehen würde, würde sie den Schmerz besser aushalten und sie würde das ‚In-die-Geburt-Hineingehen' als eine neue Dimension auffassen, ein Reichtum, den sie nicht verpassen möchte. ... Es dreht sich eher darum, in einen Rhythmus zu kommen, sich in das Gebären hineinzuwagen, alle Wehen bis zum Äußersten durchzuhalten. Heutzutage beginnt die Frau, sich anzuspannen und glaubt, dass es dabei weniger wehtun wird. Aber ich glaube, die Frau muss es wagen, bis zum Äußersten die Wehen durchzuhalten.

Sie muss sich erlauben, mitgerissen zu werden, und sie muss das Zutrauen dazu haben, dass der Körper es schon schaffen wird. Bewusst kann sie diesen Prozess nicht bestimmen. Er ist etwas Rhythmisches."

**Schmerzen**
*Nein, sie sind auf gar keinen Fall eine Strafe.*
*Nein, sie dienen nicht der Prüfung –*
*wie es Kirchenmänner predigten.*
*Die Wehenschmerzen, meist stärker als erwartet,*
*sie dienen aber dem Leben.*
*So wie das Wasser bei der Taufe*
*den Menschen in Gottes Liebe aufnimmt,*
*so wie Brot und Wein im Abendmahl*
*die Gemeinschaft mit Christus herbeiführen,*
*so sprechen die Schmerzen*
*von der Hingabe der Frau für das Leben,*
*von ihrer großen Kraft,*
*aus der neues Leben entspringt.*
Hanna Strack<br>nach einer Anregung von Dorothee Sölle

Jesus tröstet seine Jüngerinnen und Jünger über seinen Abschied: „Eine Frau, die gebiert, hat Schmerzen, wenn ihre Zeit gekommen ist. Wenn sie aber das Kind geboren hat, erinnert sie sich nicht mehr an die Qual vor Freude, dass ein Mensch zur Welt gekommen ist." (Johannes 16,21)

Im Koran, der Heiligen Schrift des Islam, hilft Gott Allah Maria bei der Geburt ihres Sohnes Jesus: „Und die Wehen der Geburt trieben sie zum Stamm einer Palme. Sie sprach: ‚Oh wäre ich doch zuvor gestorben und wäre ganz und gar vergessen!' Da rief es ihr von unten her zu: ‚Betrübe dich nicht. Dein Herr hat unter dir ein Bächlein fließen lassen; schüttle nur den Stamm der Palme gegen dich, sie wird frische reife Datteln auf dich fallen lassen. So iss und trink und kühle (dein) Auge.'" (Sure 19,23–26)

## Die Hebamme

Hebammen mussten in vielen Kulturen und zu vielen Zeiten kämpfen, sei es gegen die Übermacht der Vertreter der Religion, gegen die Überlegenheitsansprüche der Ärzte und heute wieder gegen zu hohe Versicherungsforderungen, sie müssen sich gegen die Macht der Ärzte, der Kliniken, der Gesundheitspolitiker wehren.

Frauen sollten deshalb Hebammen immer unterstützen, denn nur durch sie kann die nahe, vertrauensvolle Begleitung in Schwangerschaft, Geburt und Wochenbett möglich sein. Nachstehend erzählen Hebammen, wie sie die spirituelle Seite ihres Berufes erleben:

Regina: „Das Besondere an der Geburt ist für mich dieses Atemlose, dieses Neugeborensein, da ist Gottes Schöpfung so etwas von sichtbar. Wir dürfen an diesem Schöpfungsgedanken teilhaben. Die Frau ist Mitschöpferin durch die Kraft und Gelassenheit und den Mut. Das Besondere an der Geburt ist für mich das neue Leben, das Teilen-Dürfen mit den Eltern."

Petra: „In der Nacht, die Herztöne des Kindes pochen leise über das CTG. Die Mutter liegt auf der Seite, meine Hand liegt auf ihrem Kreuzbein, ich schaukele sanft. Der Mann hält ihre Hand. Sonst ist es still, das Licht gedämpft. Es ist, als ob meine Hand mit der Frau verschmilzt, mein Kopf ist leer, die Zeit steht still. Es ist kraftvoll, rhythmisch, es ist gut. Nur die verstärkte Atmung in der Wehe zeigt uns, wie die Zeit vergeht. Auch hier spüre ich diese innere Stille, die uns weit und ruhig macht."

Bernadette: „Manche Neugeborenen sind wie Boten des Himmels, noch nicht ganz geboren, noch halb in der ‚anderen Welt'. Ich werde ehrfürchtig und still."

Judith: „In schweren Situationen, nachts, wenn ich die Entscheidungen allein fällen muss, mich nicht kurz beraten kann, dann spüre ich manchmal ein Gefühl, das mir vermittelt: Bleib bzw. werde jetzt ruhig, du bist nicht allein, es ist alles o. k."

Hedwig: „Als das Kind geboren war, war mir, als ob sich der Himmel geöffnet hätte. Der Raum war voller Engel."


**Gebetswunsch einer Hebamme**
*Ich bitte dich, Gott, mit deiner Kraft,*
*dass ich den Mut finde,*
*jeder mir anvertrauten Frau*
*neu zu begegnen,*
*dass ich Vertrauen schaffen kann bei den Müttern*
*in ihre Kompetenz und Kraft*
*und in deinen göttlichen Beistand,*
*dass ich Kraft habe für eine liebevolle Betreuung*
*von Mutter und Kind.*

*Ich bitte dich, Jesus Christus,*
*du Heiler und Versöhner,*
*dass ich seelische und körperliche*
*Verletzungen heilen kann,*
*dass ich naturgemäß heilen*
*und ganzheitlich behandeln kann,*
*dass ich meine Ängste und Unsicherheiten*
*getragen weiß in Gott.*
*Ich bitte dich, göttliche Weisheit,*
*dass ich den natürlichen Vorgängen*
*Vorrang gebe,*
*dass ich bewusst meine Grenzen setze*
*zu Menschen und bei Prozessen,*
*dass ich richtige Entscheidungen fälle.*
*Hierzu erbitte ich den Segen an jedem*
*Tag und in jeder Nacht! Amen*
    *Cornelia Chiandetti-Arnold*

Hebammen werden in der Bibel als ethische Vorbilder dargestellt. So sollten in der Zeit der ägyptischen Gefangenschaft die Hebammen Schifra und Pua die neugeborenen Knaben töten, damit das Volk der Hebräer sich nicht weiter so vermehre. Doch „die Hebammen verehrten Gott und taten nicht das, was der ägyptische König ihnen gesagt hatte. Sie ließen auch die männlichen Kinder am Leben. Da bestellte der Pharao die Hebammen zu sich und herrschte sie an: ‚Warum macht ihr so etwas, lasst die Jungen leben?' Die Hebammen antworteten ihm: ‚Die Hebräerinnen sind anders als die ägyptischen Frauen. Sie sind stark und gesund. Bevor noch eine Hebamme zu ihnen kommt, haben sie schon geboren.' Deshalb ließ Gott es den Hebammen gut gehen. … Weil die Hebammen also der

Gottheit die Ehre gaben, stärkte sie deren Familien." (2. Mose 1,15–21)

Der Beruf der Hebamme ist symbolwürdig für das Göttliche. Gott handelt wie eine Hebamme und ist so der Grund des lebenslangen Vertrauens: „Ja, du hast mich aus dem Mutterleib gezogen, mir Vertrauen eingeflößt an der Brust meiner Mutter. Auf dich bin ich geworfen vom Mutterleib an, vom Schoß meiner Mutter an bist du mein Gott." (Psalm 22,10.11)

## Werdende Väter

Werdende Väter sagen auch: „Wir sind schwanger" oder „Wir haben ein Kind geboren." Sie erleben dies so, involviert und mitfühlend. Sie nehmen dabei nicht den Unterschied zum körperlich-seelischen Einsatz der Frau wahr. Frauen erleben, dass ihr Mann Freunden und Verwandten die Schwangerschaft ankündigt so, als stünde er selbst im Mittelpunkt. Die Geschlechterdifferenz fällt unter den Tisch durch das partnerschaftliche Verhalten der „neuen" Väter. Hat es etwas zu tun mit der Angst vor der Urkraft? Gleichberechtigung sollte nicht auf Kosten der Lebensgeberin gehen!

In einem Brief an seine schwangere Frau schrieb Hannas Vater 1935: „Sieh, so reich ist jetzt dein Leben durch Gottes Gnade geworden, dass du *Wiege und Weg* hast werden dürfen für ein neues Leben, das der Schöpfer hat aufbrechen lassen! Und so reich hat mein Dasein werden dürfen, dass ich erfüllt sein darf von dem Gedanken: Durch meine schwache Kraft hat es dem Herrn gefallen, diesem Leben den *Anstoß zum Aufbruch* zu geben! O, unfassbares Wunder!" Hier ist der Unterschied zwischen den Geschlechtern gewahrt.

Burckhard ist katholischer Theologe und Vater von vier Kindern: „Ich konnte als Vater dazu beitragen, dass das Leben vier neue Gestalten bekam und dass das Leben in vier Kindern präsent wird, und dass ich väterlich unterstützen kann, dass vier Menschen ihr Leben annehmen und angehen. Dies erscheint mir als eine primordiale Erfahrung: Als Mensch habe ich ein winziges Quäntchen teilgehabt am Schaffen und Werden eines neuen Lebens. ‚Du hast Anteil daran, dass dieses Kind lebt.' Diese Entdeckung ist erschütternd und ergreifend."

**Vater sein**
*Gott*
*Du zeugst das Leben durch mich*
*Dir verdanke ich*
    *die Kraft, Leben zu zeugen*
*Lass mich ein liebender und sorgender Vater sein*
*Ich will das werdende Leben berühren*
    *will schauen und warten*
    *und alles vorbereiten*
    *für den Tag der Geburt*
*Gib mir ein feines Gespür*
    *Zartgefühl für meine Frau*
    *und das Leben in ihr*
                            *Anton Rotzetter*

**Der Vater bei der Geburt seines Kindes**
*Noch nie habe ich sie*
*so schreien gehört*
*so furchtbar hart arbeiten*
*so außer sich*
*Noch nie habe ich mich*
*so voll Todesangst gespürt*
*so hilflos*
*so hoffnungslos*
*Noch nie waren wir*
*so selig und ergriffen*
*so in der Liebe*
*so versunken in Raum und Zeit*
*wie damals,*
*als wir durch unser erstes Kind*
*Mutter und Vater wurden.*
  *Hanna Strack*

Eine Hebamme erlebt eine besondere Geburtsbegleitung: „Ich habe eine Geburt betreut, es war das erste Kind einer Frau mit traumatischen Kindheitserfahrungen. Der Vater des Kindes, ein Ayurvede, begleitete die Frau in einer Weise, die eine spezielle Erfahrung für mich war. Ich spürte eine unwahrscheinliche Kraft von den dreien ausgehend. Das Kind kam innerhalb von zwei Stunden nach Anwesenheit des Mannes. Ich hörte vielleicht 2- bis 3-mal die Herztöne in dieser Zeit, es war fast unwirklich."

Ayurveda ist eine indische Geisteshaltung, aus der heraus eine ganzheitlich, alternative Medizin erwachsen ist: Die geistige Welt hat einen direkten Einfluss auf Körper und Seele.

# Die tief empfundene Freude

Die Psychotherapeutin Benig Mauger, die sich für die Frauen während der Geburt und danach besonders einsetzt, schreibt: „Aus meiner eigenen Erfahrung wusste ich, dass (bewusst oder unbewusst) die meisten Frauen ein Bedürfnis danach haben, im Zusammenhang mit der Geburt etwas Heiliges zu erfahren. Von den vielen Frauen, die zu mir kamen, wusste ich, dass die meisten den Wunsch hatten, die Geburt ihres Kindes als einen mit Freude erfüllten, kreativen Vorgang zu erleben. In allzu vielen Fällen blieb ihnen dieser Wunsch verwehrt, weil die psychologischen und spirituellen Dimensionen des Gebärvorgangs weithin unbeachtet geblieben waren. … Das Medizinieren der Geburt mit ihrer Konzentration auf die Vorgänge bedeutet vielfach einen Seelenverlust während der Geburtserfahrung selbst."

Hebammen sagen:
- „Nach der Schmerzerfahrung kommt mit einem Mal dieses Tief-Atmen, der Aha-Moment der Seligkeit.
- Es ist dieses ‚Wauh!', die Ehrfurcht, akzeptiert, geschafft, jetzt kann der Dampf raus, Ausspannen und Loslassen! Der Augenblick, in dem das Kind geboren ist, verwandelt die Anwesenden.
- Da war die ganze Angst irgendwie weg. Dann kam einfach nur noch Glück."

Mütter erinnern sich:
„Als mein Töchterchen soeben geboren war und ich erst einmal entspannt tief durchatmen konnte, spürte ich mit einem Mal eine ganz tiefe Klarheit: Ich brauch nichts auf der Welt

zu fürchten. Alles ist in der Liebe geborgen. Und als ich unser Hannchen zum ersten Mal in die Arme nahm und ansah, war der erste Impuls, dieses kleine Gottesgeschenk meinerseits zu segnen. Aus tiefstem Herzen und in einem als ozeanisch empfundenen Eins-Sein."

„Bei der Geburt meines ersten Kindes am Samstag im Krankenhaus wird am Abend wie üblich in diesem Haus die Krankenkommunion ausgeteilt. Als der Priester den Raum betritt, fließen Freude, Dankbarkeit, Erleichterung, Glück in einem Strom von Freudentränen aus mir heraus. Noch nie zuvor waren mir Gnade und Schöpferkraft so nahe und so erfahrbar. Der Regenbogen war das Zeichen dafür, das Meine getan zu haben und dabei aufgehoben gewesen zu sein im großen Schöpferplan eines liebenden Gottes."

### Ein Licht

*Die Mutter spricht:*
*Schon während ich guter Hoffnung war,*
*hat mich das Licht begleitet*
*und mir Vertrauen geschenkt.*
*Als die Schmerzen mich überwältigten,*
*hat mich das Licht umfangen.*
*Als das Kind geboren war,*
*erfüllte das Licht den ganzen Raum.*
*Auch der Vater hat das Licht gesehen.*
*Du Licht aus der göttlichen Welt*
*hast dem Augenblick der Schöpfung*
*die Würde verliehen.*
*Hanna Strack*

**Wenn dein Kind dich morgen fragt …**
*„Mama, wie war es, als ich geboren wurde?"*
*Dann antwortest du:*
*Es war ein heiliger Augenblick,*
*als du und ich zusammen*
*mit großer Kraft und starken Schmerzen*
*dich ans Licht brachten.*
*Es war ein heiliges Tun,*
*als die Hebamme*
*dich über ihre Hände gleiten ließ*
*und an meine Brust legte.*
*Es war eine heilige Stille im Raum,*
*als ich ermattet und selig*
*dich ansah und staunte*
*über dies Wunder der Schöpfung: Du!*
　　　　　　　　　　　　*Hanna Strack*

**Heilige Ergriffenheit**
*Das Kind ist geboren,*
*der Raum von Freude erfüllt,*
*die Zeit steht still,*
*vom Kind her leuchtet ein Licht.*
*Das Kind ruht*
*auf der Brust der Mutter,*
*der Vater ist erlöst*
*aus der Todesangst.*
*Eine heilige Drei-Einigkeit*
*knüpft miteinander Liebesbande.*
*Die Hebamme hütet*
*den heiligen Augenblick.*
　　　　　　　*Hanna Strack*

Der buddhistische Mönch Thich Nhat Hanh schreibt über die Nabelschnur: „Als Sie zur Welt kamen, wurde Ihre Nabelschnur durchtrennt. Wahrscheinlich hat Sie das zum ersten Mal im Leben dazu gebracht, lauthals zu schreien. … Sie befanden sich außerhalb Ihrer Mutter und waren doch irgendwie noch in ihr. Wir lebten in der Umarmung ihrer Liebe, und wir umarmten sie. Wir waren weiterhin von ihr abhängig. Vielleicht wurden wir von ihr gestillt. Tag und Nacht hat sie sich um uns gekümmert. Obschon die Nabelschnur zwischen ihr und uns nicht länger Bestand hatte, waren wir mit unserer Mutter auf ganz konkrete, intime Weise verbunden. In der Meditation kann ich die Nabelschnur noch immer sehen, die mich mit meiner Mutter verbindet. Schaue ich genauer hin, erkenne ich, dass da Nabelschnüre sind, die mich darüber hinaus mit der gegenständlichen Welt verbinden. Die Sonne geht jeden Morgen auf. Ohne Wärme und Licht wäre für uns kein Überleben möglich. Also gibt es eine Nabelschnur, die uns mit der Sonne verbindet. Eine weitere Nabelschnur verbindet uns mit den Wolken des Himmels. Ohne Wolken gäbe es keinen Regen und kein Trinkwasser. Es gibt eine Nabelschnur, die uns mit dem Fluss verbindet, eine weitere verbindet uns mit den Wäldern. Sie und Ihre Mutter sind nicht ein und dieselbe Person. Völlig verschieden sind sie sich aber auch nicht. Niemand lebt für sich alleine."

# Unterschiedliche Geburten

Wir kennen Hausgeburten, Geburtshäuser und Kliniken. Immer ist die Geburt ein dramatisches, intensives Geschehen, bei dem alle Anwesenden tief ergriffen sind. Diese Ergriffenheit können wir auch als eine spirituelle Erfahrung deuten.

Die Hebamme Janne erlebt, wie einer Frau in den Wehen ein Engel erscheint: „Eine Erstgebärende bei einer Hausgeburt hat eine nur schleppend verlaufende Eröffnungsperiode. Die Frau war schon sehr erschöpft, halb im Delirium, immer wieder von Wehen übermannt. Dann redet sie vor sich hin: ‚Der kleine grüne Engel will noch nicht kommen. Die blauen sind schon alle da, aber der kleine grüne traut sich noch nicht. Aber der möchte auch kommen. Der kommt irgendwann.' Stunden später Verlegung ins Krankenhaus und viele Stunden später kommt das Kind bei einer normalen Geburt."

**Der Kaiserschnitt**, eine notwendige, weil Not wendende Operation:
Viele Frauen und Kinder mussten früher sterben, die heute durch einen Kaiserschnitt gerettet werden. Leider ist die Bauchoperation für Frauen heute oft auch eine Alternative zur vaginalen Geburt. Der Grund liegt meist in der Angst, im fehlenden Vertrauen in die eigene Kraft und auch im Mangel an Informationen. Frauen bringen sich dabei um eine tief greifende Erfahrung. In letzter Zeit beobachten wir, dass Kaiserschnittkinder eine besondere Therapie brauchen, denn sie haben die Anstrengung der Geburt nicht geleistet, sind unmittelbar in das elektrische Licht gezogen worden.

Hanna erinnert sich: „… das Köpfchen steckte im Becken (hoher Gradstand), trotz Wehen ging es nicht voran … über zwölf Stunden … anstrengend … dann half nichts außer Kaiserschnitt, denn die Herztöne des Kindes wurden schlechter und schlechter."

Oft sind Frauen danach deprimiert. Sie haben im Geburtsvorbereitungskurs die Geburt in Gedanken durchgespielt, darüber gesprochen, Fragen geklärt und dann kommt der Kaiserschnitt und mit ihm das Gefühl des Versagens.

Die Hebamme Brigitte Meissner empfiehlt dieses Ritual für eine Frau, die nach einem Kaiserschnitt traumatisiert ist:
Die Frau geht zu Hause in die Badewanne (vorbereitet durch wohlriechende Badezusätze) und das Neugeborene (es ist auch mit wesentlich älteren Kindern möglich) wird in einem anderen Raum auch gebadet. Das Bett bzw. Schlafzimmer wird vorgewärmt, z. B. durch Wärmflaschen, Heizung, Kerzen … und die Wöchnerin legt sich mit dem nackten und nassen Kind in das Bett und erzählt ihm von ihren Gefühlen und der Geburt.

**Frühgeburt**, Glück und Sorgen zugleich:
Manche Kliniken gehen einen Wettstreit ein, wie klein ein Kind ist, das sie am Leben erhalten. Für die Eltern bedeutet dies Wochen der Hoffnung, des Einsatzes am Brutkasten und immer neuer Hoffnung und neuer Verzweiflung und wieder neuer Hoffnung. Es ist nicht sicher, ob das Kind gesund werden wird. Dank der Ärztin Marina Markovich wissen wir heute, dass die Frühchen Berührung, Nähe, Worte brauchen.

**Mein Frühchen**
*Das Wunder ist geboren –*
*Du, mein Kind,*
*unerwartet früh,*
*neugierig, staunend, fragend,*
*ungeduldig schnell*
*trittst du ins Leben.*
*Gern hättest du*
*noch bleiben können,*
*geborgen in meinem Leib,*
*zärtlich umgeben von meinem Schutz,*
*umarmt von meiner Fürsorge.*
*In der Dunkelheit*
*heranwachsend,*
*dir Zeit lassend*
*für die Reife*
*deines Seins.*
*Allzu zart, zerbrechlich,*
*noch den himmlischen Duft*
*auf deinen Lippen,*
*spüre ich deinen Körper*
*federleicht in meinen Armen.*
*Willkommen in dieser Welt,*
*willkommen in meinem Leben!*
*In allem, was dich erwarten wird,*
*wird meine Liebe dich tragen,*
*begleitet von unendlicher Freude,*
*dass es dich gibt!*
                              *Maike Stüven*

**Die traumatische Geburt**, erlebt wie Untergang und Neuwerdung:
Nach einer besonders schweren Geburt brauchen Frauen viel Zeit und Zuwendung, bis sie dies seelisch verarbeitet haben. Die Hebamme Viresha J. Bloemeke schreibt: „Die Wärmehülle hat keinen Schutz geboten, die Körpergrenze ist verletzt, das Gemüt ‚kann es nicht fassen‘, sogar bis ins Innerste der Knochen ist es vorgedrungen, ‚bis ins Mark erschüttert‘! … Der Mensch ist mit fantastischen Selbstheilungskräften ausgestattet. Auch wenn Körper und Seele im Laufe des Lebens Narben bekommen, ist ein weitgehend ungestörtes Weiterleben dennoch möglich."

**Segen für die Mutter nach einer schweren Geburt**
*Gesegnet bist du, Mutter!*
*Du hast das Tal des Todes durchschritten*
*mit großer Verzweiflung und immer neuer Hoffnung.*
*Die Wellen schlugen über dir zusammen*
*und stürzten dich in Todesangst.*
*Die Feuer wollten deine Lebenskraft zerstören*
*und gruben Wunden an Leib und Seele.*
*Gesegnet bist du, Mutter,*
*nach deiner schweren Geburtsarbeit!*
*Gesegnet ist das Kind,*
*das in deinen Armen liegt!*
*Gesegnet ist der Vater,*
*der nicht von deiner Seite wich.*
*Die Kraft unseres mütterlichen Gottes*
*wirke in dir zu deiner Heilung*
*und zur Freude an deiner Familie! Amen*
                    *Hanna Strack*

**Kleines Ritual**

Die Frau trinkt Kräutertee und betet:
*Weisheit Sophia, Mutterschoß des Lebens,*
*Quelle der Erneuerung.*
*Lass diesen neuen Monat mit Segen erfüllt sein:*
*Mit Gesundheit und Freude,*
*Mit Güte und Frieden,*
*Mit Zufriedenheit und Liebe.*
*Lass Wahrheit und Gerechtigkeit mein Handeln leiten.*
*Lass Weisheit und Gnade in mir blühen.*
*Amen. Sei gesegnet. Lass es so sein.*
*Diann L. Neu*

# Die Plazenta – der Mutterkuchen

Die Plazenta heißt auch Mutterkuchen, Bett des Kindes, Zwilling, das „Mit", d. h. es ist mit uns in der Gebärmutter gewachsen. Es ist der erste Gegenstand, den das Kind wahrnimmt. Ihr Aussehen ähnelt einem Baum. Deshalb ist sie das Ursymbol des Lebensbaumes.

Oft wird die Plazenta „beerdigt", viele pflanzen einen Baum an diese Stelle, z. B. einen Kirschbaum oder sie orientieren sich an dem Keltischen Baumkalender. In einer kleinen Feier gedenken sie noch einmal der Geburt.

**Beim Betrachten des Mutterkuchens**

*O welch ein kostbares Organ*
*ist doch der Mutterkuchen!*
*Hier sind alle Nahrungsmittel,*
*hier sind alle Spurenelemente*
*und alle Hormone,*
*die das Kind zum Leben braucht.*
*Du Zwilling, der du das Kind ernährst.*
*Du Arznei, die Mutter und Kind heilt!*
*Wohin bringt man dich?*
*Wie halten wir dich in Ehren?*
*Wir pflanzen dich unter den Baum,*
*wir bewahren dich*
*als Arznei für das Kind – für die Mutter*
*gegen Depression im Wochenbett.*
*O welch ein kostbares Organ!*
*Hanna Strack*

In vielen Kulturen wird dieses besondere Organ hoch geschätzt.

Die Plazenta wird einmal in der Bibel erwähnt, sie ist der Beutel der Lebendigen: Abigajil ist eine weise Frau. Sie schließt Frieden mit David, der damals noch eine Art Räuberhauptmann war, indem sie ihn besänftigt. Dann segnet sie ihn und sagt: „Wenn ein Mensch aufsteht, um dich zu verfolgen und dir nach dem Leben zu trachten, dann soll das Leben meines Herrn im Beutel der Lebendigen bei Gott, deiner Gottheit, verschnürt sein!" (1. Samuel 25,29)

Im Islam glauben die Menschen, dass Allah nach dem Tod mit der Plazenta spricht, sodass er auch den Namen des Verstorbenen kennt. Deshalb muss sie sorgfältig gewaschen und in einem irdenen Topf ins Grab mitgegeben werden.

Auf den Fidschi-Inseln ist dies Sitte: Der Vater pflanzt eine Kokospalme dort, wo er die Nabelschnur seines Kindes begraben hat. Das Kind soll sein ganzes Leben lang mit dem Grund des Lebens auf Erden verbunden sein.

Auch medizinisch ist die Plazenta eine Kostbarkeit. In der DDR-Zeit wurden die Plazenten nach Paris an eine Kosmetik-Firma gegen Devisen verkauft, die Hebammen bekamen für ein Exemplar 1 Mark.

Neu entdeckt wird in der Universitätsklinik Charité in Berlin die Heilkraft bei Verbrennungen. Doch Plazenten werden heute leider zusammen mit amputierten Gliedmaßen verbrannt.

Eine Erzählung aus Tibet: „Nach Dolma Tserings Geburt war die Plazenta, ihr Zuhause im Schoß der Mutter, sorgfältig eingepackt worden. An einem sonnigen Tag lud Dorje seine älteren Kinder zu einem Spaziergang ein. ‚Heute machen wir einen ganz besonderen Ausflug, wir werden zu den Wäldern oben in den Bergen wandern und dort einen sicheren Platz finden, an dem wir die Plazenta des neuen Babys tief in der Erde vergraben.' Als sie ein ganzes Stück in den Wald vorgedrungen waren, vorbei an großen Pinien, die in der heißen Sonne ihren Duft verströmten, wählte Dorje einen Platz und sie begannen zu graben. ‚Als Zeichen für meinen Respekt vergrabe ich die Plazenta tief in der Erde, erklärte Dorje seinen Söhnen.' Sie war die physische und symbolische Verbindung zwischen der Mutter und dem Neugeborenen. Durch das Vergraben der Plazenta wurde sein Kind mit der Erde vereint: Der bislang wichtigste Besitz des Kindes, die Plazenta, die es neun Monate lang genährt hatte, würde jetzt die Erde nähren, in die man sie legte. Nach dem Vergraben kehrten Vater und Söhne zurück nach Hause."

# Das Wunder
# des Lebens

Die ersten Gefühle beim Anblick des Neugeborenen sind überwältigend: Es ist ein Wunder des Lebens, das da aus dem Bauch der Mutter herausgekommen ist. So ganz fertig, alles dran, die kleinen Fingerchen, das Herz schlägt, das Kind atmet. Stundenlang können die Eltern das Kind anschauen und staunen und sind ergriffen von dem Wunder des Lebens.

Sie sind unendlich dankbar. Dankbar sein ist eine Grundstimmung. Wir spüren Dankbarkeit für die Luft, die wir zum Atmen brauchen, für die Nahrung, die die Erde für uns hervorbringt. Besonders empfinden die Eltern jetzt Dankbarkeit für ihre Liebe und für das Kind, die Frucht ihrer Liebe.

Es ist gut, wenn die Hebamme dem Paar genügend Zeit lassen kann für dieses erste Sich-Spüren, das so genannte Bonding, für das erste Gefühl: Wie sind jetzt zu dritt!

**Gott, du schöpferische Kraft,**
*du trägst das Universum in deinem Schoß.*
*Wir blicken in den Sternenhimmel und schauen:*
*Wie klein, wie ohnmächtig sind wir!*
*Wir halten ein neugeborenes Kind in unseren Armen.*
*Wie stark, wie schöpferisch sind wir!*
*Klein und groß zugleich.*
*Du trägst das Universum in deinem Schoß,*
*du trägst auch uns. Amen*
*Hanna Strack*

# Das Neugeborene

Der erste Blickkontakt ist oft ergreifend für die Mutter, den Vater, auch für die Hebamme. Wenn das Neugeborene die Eltern ansieht, geht ihnen das Herz auf. Sie sind erfüllt von Liebe und Fürsorglichkeit. Sie wollen das kleine Leben in den Händen halten und beschützen. Manche Kinder öffnen schon die Augen, sobald das Köpfchen in der Scheide sichtbar ist.

**Stilles Gebet**
*Ich dank dir Herr*
*In jeder stillen Stund*
*Ist auch mein Mund*
*Scheu und verschwiegen.*
*Ich stehe hier*
*An meines Kindes Wiegen*
*Und ohne Wort*
*Dankt es in mir.*
   *Mascha Kaléko*


**Gebet**
*Willkommen auf der Erde, du neugeborenes Kind.*
*Du warst geborgen in meinem Schoß,*
*umhüllt von meinem Körper.*
*Du bist gewachsen in deinem ersten Zuhause,*
*bis du die Reise in diese Welt angetreten hast.*
*Willkommen auf der Erde, du neugeborenes Kind.*
*Wir freuen uns, dass du da bist,*

*und nehmen dich in unsere Arme.*
*Wir wollen dir ein zweites Zuhause geben,*
*bis du in deinem Leben weiterreist.*
*Willkommen auf der Erde, du neugeborenes Kind.*
*Du sollst dich hier entfalten können*
*und den Himmel manchmal geöffnet sehen.*
*Wir bitten Gott um seine Aufmerksamkeit,*
*er möge dich segnen auf jedem Schritt.*
                    Christiane Bundschuh-Schramm


**Der Segen der neun Kräfte**
*Mein Kind, dein sei die Kraft der großen Flüsse.*
*Dein sei die Kraft des weiten Ozeans.*
*Dein sei die Kraft der tiefen Quellen.*
*Dein sei die Kraft des sanften Regens.*
*Dein sei die Kraft des glühenden Feuers.*
*Dein sei die Kraft des leuchtenden Blitzstrahls.*
*Dein sei die Kraft der harten Felsen.*
*Dein sei die Kraft der fruchtbaren Erde.*
*Dein sei die Kraft der höchsten Liebe.*
                    Nach einem alten keltischen Segensspruch


**Segen unserer Kinder**
*Gott gebe dir*
*für jeden Sturm einen Regenbogen,*
*für jede Träne ein Lachen,*
*für jede Sorge eine Aussicht*
*und eine Hilfe für jede Schwierigkeit.*
*Für jedes Problem, das das Leben schickt,*

*einen Freund, es zu teilen,*
*für jeden Seufzer ein schönes Lied*
*und eine Antwort auf jedes Gebet.*
*Irisches Segensgebet*


**Liebes Kind!**
*Wie ein bunt gefiederter Vogel*
*bist du in unsere Welt geflogen*
*und hast dir ein warmes, wohliges Nest erkoren.*
*Und wenn du flügge wirst*
*und in andere Länder fliegst,*
*dann geh niemandem auf den Leim,*
*sondern lass dich nieder*
*auf einem saftvollen grünen Baum*
*und sing dein Lied von der Liebe!*
*Hanna Strack*


**Gebet für ein neugeborenes Kind**
*Willkommen, willkommen in dieser atemberaubenden Welt.*
*Wir haben auf dich gewartet.*
*Gewartet, um dein wunderschönes Gesicht zu sehen.*
*Gewartet, den Klang deines Schreiens zu hören,*
*dich zu küssen, in den Armen zu halten und in den Schlaf zu wiegen.*
*Du bist die Frucht unserer Liebe, unserer Herzen, unserer Seelen.*
*Wir haben um diesen Tag gebetet und nun ist er da.*
*So groß unsere Vorfreude auch war, nichts konnte uns auf dich vorbereiten.*
*Du, welch ein Wunder.*

*Du, welch ein Geschenk von Gott.*
*Du, unser Kind.*
*Möge Gott über dich wachen mit Liebe und dich mit Gesundheit segnen.*
*Wie können wir unsere Dankbarkeit, Dir Gott, zum Ausdruck bringen?*
*Du hast uns einen vollkommenen Segen geschickt.*

*Noemi Levy*

Jesus mahnt seine Jüngerinnen und Jünger: „Seht zu, dass ihr keines dieser Kleinen verachtet. Ich sage euch, ihre Engel im Himmel schauen allezeit das Angesicht Gottes, Vater und Mutter für mich im Himmel." (Matthäus 18,10)

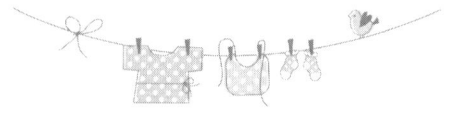

# Begrüßungsrituale

Wenn das Kind geboren ist, wenn ein neuer Mensch in diese Welt eingetreten ist, dann wollen wir es allen Freunden mitteilen und wir wollen das Kind willkommen heißen. Früher war die Taufe selbstverständlich das Ritual, mit der wir das Neugeborene begrüßt haben. Die Taufe aber ist ihrem Sinn nach ein Hineinnehmen in die Liebe Gottes und in die Mitgliedschaft der Kirche.

Nun finden Paare neue Formen des Feierns. Einige stammen auch aus einem sehr alten Brauchtum.

**Segen der Hebamme**
*Sei gesegnet*
*mit dem Licht der Sonne*
*mit der Ruhe der Nacht*
*mit der Kraft des Windes.*
*Gott behüte und beschütze dich!*
*Anonyma*


*Kind, ich segne dich auf deinem Lebensweg.*
*Möge dir Gutes begegnen.*
*Geh deinen eigenen Lebensweg.*
*Nimm an, was das Leben für dich bereithält.*
*Ändere, was du ändern kannst. Amen*
*Monika Schmelzer*


**Indischer Geburtssegen**
*Mein Kind, Du trittst in diese Welt und weinst,*
*während alles um dich herum lächelt.*
*Bemühe dich so zu leben,*
*dass du dereinst lächelnd sterben kannst,*
*während alles um dich herum weint.*

Gerti beschreibt ihr Familienritual: „Mit der Dankens- und Segensfeier unserer Kinder, ca. drei Monate nach ihrer Geburt, war es so: Wir Eltern überlegten, wie wir den Willkommensakt in die menschliche Gemeinschaft, unseren Dank für dieses Geschenk des Himmels und die Bitte um Gottes Segen gestalten wollen, komponierten ein Lied für das Kind, suchten Texte, die uns Impulse geben, einen meditativen Kreistanz, zum gemeinsamen Singen das Lied ‚Kinder' von Bettina Wegner, *Bless the Lord my soul* (Taizé), … und als Höhepunkt zum Schluss den Segen der Großeltern, in Anlehnung an die Bibelstelle von Simeon und Anna, die das Jesuskind in ihre Arme nahmen, Gott priesen für dieses Kind und es segneten. Mit diesem Kernpunkt, dem Segnen des Kindes, segneten auch alle anderen Anwesenden das Kind in den Armen der Mutter, manche küssten es auch; es geht auch wie im Märchen vom Dornröschen: Alle sind eingeladen, ihm Gutes zu wünschen!"

Und hier ist die Erzählung von Simeon und Hanna, die Gerti erwähnt: „Und seht, in Jerusalem war ein Mann mit Namen Simeon. … Von der heiligen Geistkraft war er darin bestärkt worden, dass er nicht sterben werde, bevor er Christus, den Gesalbten Gottes, gesehen hätte. … Als die Eltern das Kind Jesus hereintrugen, um zu tun, was die Tora in Bezug auf das Kind verlangte, nahm er es auf die Arme und lobte Gott mit den Worten: ‚Jetzt lässt du deinen Sklaven in Frieden ziehen, Herr, gemäß deinem Wort. Meine Augen haben das Rettende gesehen, das du vor allen Stämmen Israels bereitet hast: Licht zeigt sich den Völkern und Glanz deines Volkes Israel.' Sein Vater und seine Mutter staunten darüber, was über ihr Kind gesagt wurde. Simeon segnete sie und sprach zu Maria, der Mutter des Kindes: ‚Siehe, dieser ist bestimmt, viele in Israel zum Fallen und zum Aufstehen zu bringen' … Hanna war eine Prophetin … Als junge Frau war sie sieben Jahre verheiratet gewesen, danach blieb sie Witwe … Sie tat kultischen Dienst mit Fasten und Beten, Tag und Nacht. Und genau zu dieser Stunde stand sie da, pries Gott und sprach darüber zu allen, die die Befreiung Jerusalems erwarteten." (Lukas 2,25–38)

Aus anderen Kulturen und Religionen wird auch Brauchtum zur Begrüßung des Neugeborenen überliefert. So nimmt eine Frau aus Ghana das Baby in den Arm und singt ihm ein Gospellied vor.

Theresia, die muslimische Frauen in Berlin begleitet, berichtet: „Die junge Mutter legt die Betreuung ihres ersten Kindes ganz in die Hände ihrer Mutter. Das erste Bad ist ein besonderes und freudiges Ereignis. Bevor die Großmutter mit einer Tätigkeit beginnt, spricht sie jedes Mal den Segensspruch: ‚Bismillah ar-rachman ar-rachim', der übersetzt bedeutet: ‚Im Namen Gottes des Barmherzigen, des Allerbarmers'. Sie bereitet in aller Ruhe das Badewasser vor, legt Kräuter und Blumenblätter hinein, verteilt sie im Wasser, indem sie einen Koranvers murmelt. Dann entkleidet sie das Neugeborene mit ruhigen und sicheren Händen und spricht dabei ein Gebet. Bevor sie das Kind ins Wasser eintaucht, spricht sie laut vernehmbar den Segensspruch. Während sie es wäscht, rezitiert sie Koranverse und Gebete. Vor dem Abtrocknen und vor dem Einölen spricht sie wiederum den Segensspruch. Der Raum ist erfüllt von einer friedvollen, verzauberten Atmosphäre, alle Beteiligten folgen mit sichtlich ergriffenen Herzen den Handlungen der Großmutter und das kleine Menschenkind schaut mit großen wunderlichen Augen in den Raum, ohne zu weinen. Dieser Zustand nimmt alle gefangen und hält an, bis die Großmutter den Säugling ihrer Tochter zum Stillen in die Arme legt. Die Stimmung ändert sich erst in ein fröhliches Plaudern, als allen Tee und Gebäck gereicht wird. Für mich war dies ein ganz besonderes Erlebnis, das mich ergriffen und ehrfurchtsvoll machte hinsichtlich des Umgangs mit dem Neugeborenen und der bezeugten Dankbarkeit gegenüber Gott."

Judith erlebt, wie ein türkischer Vater sein Kind nahm und ihm in jedes Ohr den Namen Allahs und ein Gebet sang, um sein Kind zu begrüßen.

Katrins Erfahrung als Hebammenschülerin: „Bei einer Geburt war eine Frau dabei, die ‚das dritte Auge' hatte. Ich beobachtete, wie sie durch bildhafte Sprache und Atmung das Paar anleitete und motivierte. Eine intensive, energiegeladene Atmosphäre entstand. Beim Morgengrauen begrüßen wir das Licht des Tages mit Gesang."

# Die Mutter im Wochenbett

Die Wochen nach der Geburt sind eine ganz besondere Zeit. Der Körper der Frau erlebt eine umfassende Umstellung, die Seele ist noch weit geöffnet und spürt noch die Weite und Tiefe des Eingebundenseins in den ganzen Kosmos. Es ist eine Offenheit für Transzendenzerfahrungen, das sind Erlebnisse, die den Alltag übersteigen. Viele Mütter erleben, wie die Zeit sich verlangsamt. Sie vergessen dann oft Dinge im Alltag: Einkaufslisten, Termine, bereits besprochene Themen, oder sie verlegen Gegenstände und können sie nicht mehr finden.

Die Hebamme Bernadette erlebt es so: „Die Geburt und die erste Zeit mit dem Neugeborenen empfinde ich oft wie Weihnachten. So bringe ich den werdenden Eltern die Wichtigkeit des Wochenbetts nahe, damit sie sich diese kostbare

Zeit bewahren, Besuche und Alltag möglichst draußen lassen."

Eine andere Hebamme antwortet auf die Frage, wann sie spirituelle Momente erlebt: „Spiritualität empfinde ich bei der Wochenbettpflege, wenn das kleine Wesen den ersten Blickkontakt zu mir aufnimmt. Es wird mir ganz warm ums Herz und es macht mich in meinem tiefsten Innern glückselig. Das unbewusste Lächeln des kleinen Menschenkindes erzeugt ein wärmendes inneres Glück, ein spiritueller Moment im Rummel des Alltags."

Die junge Mutter braucht unbedingt einen geschützten Raum für diesen Zauber, wenn sie ganz für das Kind da ist. Das sollen sich alle beherzigen, die sie umgeben. Sie braucht Unterstützung: Eine Wochenbettsuppe aus Hühnerbrühe und Gemüse tut gut.

In Kärnten war das „Wiegenkorbtragen" Brauch: Die Mutter oder Schwiegermutter brachte der jungen Mutter einen Korb mit Hefezopf, Eiern, Honig, Wein und einem Suppenhuhn.

**In der Nacht**
*In der tiefen Nacht*
*lacht ein kleines Kind.*
*Hab ich froh gedacht:*
*Welch ein lieb Gesind!*

*In der dunklen Nacht*
*fühl ich eine Hand.*
*Hab ich still gedacht:*
*Gott hat sie gesandt!*
   *Erich F. Thomas*

**Himmelssegen**
*Für Mutter und Kind*
*erbitte ich*
*den Segen des Himmels –*
*für die Seele,*
*die ins Leben trat,*
*für die Seele,*
*die sie geboren hat.*
*Gemeinsam*
*werden sie die*
*nächsten Schritte gehen,*
*die Welt neu entdecken,*
*miteinander lachen,*
*miteinander glücklich sein.*
*Euch Engel*
*bitte ich*
*an ihre Seite,*
*gebe beide in eure Obhut,*
*stelle sie in euren Schutz.*
*In eurer Wärme*
*möge die Seele reifen,*
*die dem Leben*
*entgegenwächst.*
*In eurem Licht*
*kann die Mutter*
*kraftvolles Vorbild sein.*
*In eurer segnenden Liebe*
*sind beide vollkommen eins.*
*Amen.*
                    *Maike Stüven*

Moderne jüdische Frauen feiern das traditionelle Tauchbad, die Mikwe. Sie verstehen es heute nicht als Reinheitsritual, sondern als einen Gottesdienst. Sie waschen sich zunächst und steigen dann in fließendes, lebendiges Wasser. So feiern sie ihre Erneuerung und ihre Verbundenheit mit dem Wasser des Lebens.

Das außergewöhnliche Wochenbett nach gefahrvoller Geburt wird in dem letzten Buch der Bibel, der Offenbarung des Johannes, in grandiosen Bildern erzählt: „Die Frau erhielt die beiden Flügel des großen Adlers, um in die Wüste an ihren Ort zu fliegen, dorthin, wo sie dreieinhalb Zeitabschnitte ernährt wird, weg aus dem Gesichtsfeld der Schlange. Die Schlange schleuderte aus ihrem Mund Wasser hinter der Frau her wie einen Fluss, um sie darin ertrinken zu lassen. Die Erde half der Frau; sie öffnete ihren Mund und schluckte den Fluss hinunter, den der Drache aus seinem Mund geschleudert hatte." (Offenbarung 12, 14–16)

### Der Baby-Blues

Nun ist die junge Mutter mit ihrem Baby zum ersten Mal allein zuhause. Sie ist den ganzen Tag und die ganze Nacht mit dem Kind beschäftigt und wundert sich, dass sie zu nichts anderem kommt. Sie sollte eigentlich glücklich sein, aber die Decke fällt ihr auf den Kopf, das Alleinsein lastet auf ihr. Ihre Hormone spielen verrückt. Sie bekommt den Baby-Blues, die Wochenbettdepression, eine ernsthafte Erkrankung. Niemand versteht sie, auch nicht ihr Mann. Er muss doch zur Arbeit gehen.

In dieser Zeit braucht die Mutter Verständnis und Unterstützung, sie braucht die Nähe anderer Menschen.

In einem eindrücklichen Film mit dem Titel „Das Fremde in mir" wird das Leiden einer Frau geschildert, die ihr Kind nicht mehr sehen mag, ja es sogar beinahe tötet, dann aber wegläuft, um das Kind zu retten. Nach einigen Wochen der Therapie und des Abstands zum Kind und zu ihrem Mann ist diese durch Hormone bedingte Krankheit vorbei und die Mutter ist genauso glücklich wieder wie zuvor. Das Bild vom Bleistift im Wasserglas hilft uns, das vorzustellen: Solange der Stift im Wasser ist, sieht er von der Seite wie gebrochen aus. Wenn er rausgezogen wird, ist er wieder ganz heil.

**An die Mutter im Baby-Blues**
*Du hast ein fröhliches Kind geboren!*
*Du spürst eine abgrundtiefe Traurigkeit.*
*Für alles um dich ist gut gesorgt!*
*Doch alles ist dir zu viel.*
*Du wohnst inmitten von Blüten und Blumen.*
*Du spürst nur Kälte und Dunkelheit.*
*Dich umhüllen Bänder der Freundschaft.*
*Du siehst nur Risse und Spalten.*
*Dein Haus hat Türen zur Zukunft.*
*Du sagst: Sie sind verschlossen.*
*Wie eine leise Melodie*
*soll Gottes Gnade schwingen*
*durch deine gebrochene Welt!*
*Wie ein leichter Lufthauch*
*soll Gottes Liebe verbinden,*
*was in dir zerrissen ist!*
*Wie ein lautloses Türschloss*
*soll Gottes Freude dir öffnen*
*den Blick auf dein Wunder-Kind!*
                    *Hanna Strack*

# Stillen und Abstillen

Das Stillen ist eine sehr archaische Tätigkeit. Die Nahrung kommt direkt aus der Quelle, ohne dass sie zubereitet werden muss. Das Kind saugt einfach. Die Mutter gibt die Nahrung aus ihrem Körper.

Das Stillen bietet aber auch Geborgenheit und Sicherheit für das Kind, ein Band zwischen ihm und der Mutter wird geknüpft.

Gamze erinnert sich: „Das Stillen war für uns beide eine schöne Zeit. Mein Sohn hat sich ja nicht nur ernährt, sondern er hat es sichtlich genossen, meine Haut und Körperwärme zu spüren. Ich hab ihn beim Trinken oft gestreichelt, was er, sobald er konnte, erwiderte. Mein Sohn hat das Stillen oft als friedliche Auszeit von der ihn so interessierenden, aber auch überwältigenden Welt genutzt. Es war wie ein Ruhepol, ein letztes Relikt einer Nabelschnur, die ihn Zugehörigkeit und Sicherheit spüren ließ. Als ich ihn aus gesundheitlichen Gründen mit elf Monaten abstillen musste, war es für uns beide ein trauriger Abschied. Er reagierte recht schnell darauf und fing erstmals an, von sich aus mit mir zu kuscheln. Ich denke immer noch gern an diese Zeit der besonderen Nähe und Eintracht zurück."

**Mein Kind an meiner Brust**
*Ganz dicht bist du bei mir,*
*spürst meine Haut,*
*saugst an meiner Brustwarze,*
*trinkst und ernährst dich,*

*legst satt und zufrieden dein Köpfchen zur Seite.*
*Ich trage die Bitte in mir,*
*dass alle Kinder dieser Welt*
*satt und zufrieden werden*
*an ihren vollen Brüsten*
*wie du, mein Kind!*
*Ich trage diese Bitte*
*zu dir, Gott des Lebens. Amen*

*Hanna Strack*

Die Bibel erwähnt das reale Stillen und Abstillen und verwendet es auch als Symbol: „Freut euch mit Jerusalem und jauchzt alle, die ihr sie liebt! Seid fröhlich mit ihr, alle, die ihr um sie trauert! Weil ihr saugen dürft und euch sättigen an den Brüsten ihres Trostes, weil ihr schlürfen dürft und euch erquicken an den Brüsten ihres Glanzes. Denn so spricht Gott: Ich breite bei ihr Frieden aus wie einen Strom und wie einen überschäumenden Bach den Reichtum der fremden Völker. Ihre Säuglinge sollen auf der Hüfte getragen und auf den Knien geschaukelt werden. Wie eine Mutter tröstet, so will ich euch trösten, und an Jerusalem sollt ihr getröstet sein. Ihr werdet es sehen und euer Herz wird sich freuen, und eure Knochen sollen sprossen wie junges Gras." (Jesaja 66,10–16)

Bei hebräischen Worten für körperliche Erfahrungen klingen immer psychische, soziale und spirituelle Dimensionen mit. So ist auch der Körper der Frau symbolwürdig für das Göttliche. Die Brust ist Ausdruck des Segens. So heißt es in 1. Mose 49,25: „Von deines Vaters Gott, von wo dir Unterstützung, mit Schaddaj, von wo dir Segen zuteilwird, Segnungen des Himmels von oben, Segnungen der Urflut, die sich unten lagert, Segnungen von Brüsten und Schoß."

Das Fest der Entwöhnung wird erwähnt als bedeutsames Ereignis für die Mutter, für die ganze Familie und besonders für das Kind, das jetzt 3 Jahre alt ist. Die Mutter kann jetzt wieder schwanger werden.

So kommt es einmal zum Streit zwischen der Mutter Sara und der Leihmutter Hagar. Abraham und Sara waren kinderlos gewesen, auf Saras Wunsch zeugte Abraham mit der Sklavin Hagar den Ismael, dann aber gebar Sara doch den Isaak, von dem es dann heißt: „Das Kind wuchs heran und wurde abgestillt. Abraham machte ein großes Fest an dem Tag, an dem Isaak abgestillt wurde." (1. Mose 21,8)

Das Kind Samuel, der spätere Prophet Israels, wird nach dem Abstillen – wie seine Mutter gelobt hat – dem Tempel übergeben. (1. Samuel 1,22.23)

# Den Grenzen begegnen

Ministerin Ursula von der Leyen bekennt: „Die Wucht des Schicksals rund um Schwangerschaft und Geburt hat mich still werden lassen." (PID-Debatte im Bundestag 7. 7. 2011, SZ 8. 7. 2011, S. 2)

Wir leben in einer Gesellschaft, in der das Machbare wie selbstverständlich erwartet wird. Wir gehen davon aus, dass die Lebenspläne umgesetzt werden können, dass Krankheiten geheilt und das Sterben weit weggeschoben wird. Und dann passiert es dennoch, dass wir an unsere Grenzen stoßen. Oft meinen die Verwandten und Nachbarn, die Schwangere solle einen Abbruch durchführen lassen, wenn das Kind nicht mit Sicherheit gesund ist. Der Wunsch nach einem gesunden Kind wurde zum Recht auf ein gesundes Kind und nun droht daraus die Pflicht für ein gesundes Kind. Manche Forscher sagen schon, ein behindertes Kind zu gebären sei eine Sünde. Nein! Besser ist aber die Unterstützung, das volle Bejahen des Menschenkindes. Wir möchten eine Gesellschaft, die willkommen heißt, ohne vorweg auszusortieren, Menschen, die nicht gaffen, wenn sie einem Behinderten begegnen! Denn die Tötung kann auch für die Mutter ein traumatisches Geschehen sein, das sie noch lange in ihrem Herzen bewegt, das sie gleichsam immer wieder überfällt.

# Ein krankes Kind

Es gibt Schicksale, die uns tief ergreifen. Wenn ein Kind krank geboren wird – ob die Eltern es vorher wussten oder nicht –, ist solch eine tiefe Erschütterung. Alles gerät ins Wanken: das Glück, der Lebensplan, Beziehungen zu Verwandten und Freunden. Auch die Liebe der Eltern zueinander bleibt nicht, wie sie bisher war. Jetzt müssen neue Wege gesucht werden und jede hilfreiche Geste wird dankbar angenommen. Wir müssen uns alle den Bedürftigen zuwenden. Nicht zu vergessen sind die Geschwister eines kranken Kindes, die lebenslang unter der Zurücksetzung leiden können, wenn die Eltern sich mehr um das Kranke kümmern als um sie. Dabei wollen Mutter und Vater doch, dass alle Kinder glücklich sind!

Susanna ist HIV-positiv und muss damit rechnen, ein krankes Kind zu gebären. Sie sagt: „Es heißt ja nicht, dass nur ein Kind, das wirklich zu 100 Prozent gesund ist, ein Recht auf Leben hat."

Der Journalist Thomas Gerlach schreibt sehr berührend über die Geburt seines Kindes mit Down-Syndrom (gekürzt): „Was wäre gewesen, wenn sie uns bei der Feindiagnostik eröffnet hätten, es gebe da einen Verdacht? Die zweite Hälfte der Schwangerschaft wäre zur Hölle geworden. Hätte es sie überhaupt noch gegeben? Trisomie ist ein Grund für Spätabtreibungen. Vermutlich hätten uns die Ärzte dazu geraten. Schätzungsweise neun von zehn Feten, bei denen Trisomie diagnostiziert wird, werden abgetrieben. Abtreibung kam für uns nicht infrage, das war unsere Überzeugung – schon vor dem ersten Kind. Hätten wir uns dennoch überreden lassen? Weil es auf Unverständnis gestoßen wäre, wenn wir diese Möglichkeit nicht wahrgenommen hätten? Weil wir die Belastung gefürchtet hätten? Die Blicke? Weil es das Beste gewesen wäre? Auch für das Kind? Diese Fragen sind uns erspart geblieben. Pränataldiagnostik hat ihre Grenzen. Gibt es ein Anrecht auf ein ‚normales' Kind? Gibt es nicht. Es gibt auch kein Anrecht auf ein 80 Jahre währendes Leben, nicht einmal auf Sonnenschein im Urlaub.

Am Morgen des dritten Advents liegt Nikita zwischen uns im Bett. Seine Maurerhändchen wandern über mein Gesicht. Er lacht. Warum? Weil er seit einem halben Jahr bei uns ist. Nicht er ist unser Wunschkind – wir sind seine Wunscheltern. Klugheit ist keine Frage der Lebensjahre. Verkehrte, schöne Welt. ‚Was du den Weisen und Klugen verborgen hast, den Unverständigen hast du es offenbart.' Dieser Satz aus dem Matthäus-Evangelium soll sein Taufspruch werden." (Matthäus 11,25)

Steffi, geboren 1948, mit offenem Rücken und Klumpfüßen, aber kräftigem Schrei. „Gerade 7 Stunden auf der Welt, wurde ich schon operiert, das heißt, ein Loch im Lendenwirbelbereich wurde gedeckt. Ich wuchs mit einem 7 Jahre älteren und einem 1¼ Jahre jüngeren Bruder auf. Durch die Klumpfüße hatte ich auch Hüftprobleme und lernte aber, dank der Fußschienen, etwas später laufen.

Ich besuchte eine ganz normale Schule. Nicht immer einfach war es für mich in der Schulzeit, mit den Hänseleien einiger Mitschüler fertigzuwerden. Auch mein kleiner Bruder rief mich manchmal ‚Humpellieschen' auf dem Schulhof. Heute weiß ich, dass besonders mein ältester Bruder möglicherweise durch mich gelitten hat. Meine Vermutung ist: Er hat sich mehr Aufmerksamkeit gewünscht, fühlte sich zurückgesetzt, denn häufig drehte sich alles um die kranke Schwester.

Durch meine Behinderung war ich sehr oft zu Operationen im Krankenhaus auch in Berlin, wo meine Eltern mich besuchten. Es ist natürlich, dass Eltern ihrem Kind mit Behinderung mehr Liebe und Aufmerksamkeit schenken – was Geschwisterkinder bis zum Erwachsenenalter scheinbar nicht verwinden können. Meine Mutter erzählte mir, dass ich ein zufriedenes und fröhliches Kind war. Das ist bis heute geblieben.

Ich bin glücklich und zufrieden, denn ich habe trotz meiner Gehbehinderung – mit 18 Jahren musste mir rechts der Unterschenkel amputiert werden – meinen Traumberuf Säuglingsschwester gelernt und habe 20 Jahre auf einer Frühgeborenen-Station gearbeitet. Den Kleinen konnte ich viel Liebe schenken und den Eltern mit Rat und Tat zur Seite stehen, wenn ihr Kind krank geboren wurde.

Das größte Geschenk bekam ich, nachdem mein Mann und ich vier Jahre verheiratet waren. Unser Sohn wurde – gesund – per Kaiserschnitt geboren. Drei Jahre später, wieder durch Kaiserschnitt, ist unsere Tochter – ein Frühchen, aber gesund – auf die Welt gekommen.

Für diese Wunder bin ich auch immer wieder im Gebet sehr dankbar. Heute kann ich es gut ertragen, wenn mich Mitmenschen ‚angaffen' – ich lächle sie an. Kindern, die ihre Mutti fragen: ‚Warum läuft die Frau so komisch?', erkläre ich kindgerecht meine Gehbehinderung.

Ich bin also ein ‚normaler' Mensch und mittlerweile auch schon dreimal Oma."


**Unser krankes Kind**
*Es war eine Schrecksekunde,*
*als wir sahen: Unser Kind ist nicht gesund!*

*Angst und Not und Sorgen wachsen in uns:*
*Wie werden wir leben mit dem kranken Kind?*
*Scheu blicken wir in sein Gesicht:*
*Es lächelt uns an!*
*Eine Welle der Wärme durchströmt uns.*
*Wir öffnen uns langsam dir,*
*du Wunder der Schöpfung,*
*du unser krankes Kind!*

Hanna Strack

Jesus spricht: „Was du den Weisen und Klugen verborgen hast, den Unverständigen hast du es offenbart." (Matthäus 11,25)

# Grenzen der Machbarkeit

Nachdem die Medizin und Technik, die Wissenschaft und Politik einer Frau versprochen haben, dass ihre Schwangerschaft zu einem guten Ende führen wird, wenn sie sich nur allen Kontrollen unterzieht, erfährt sie plötzlich die Grenzen der Machbarkeit. Der Plan, nach gutem Einstieg in die Karriere, bei solider Partnerschaft und sicherer finanzieller Grundlage, nun ein Kind zu bekommen, scheitert. Auch die künstliche Befruchtung ist bei mehr als der Hälfte der Frauen ergebnislos. Das schwere Wort vom unerfüllten Kinderwunsch taucht auf.

Anna: „In meiner Biografie war Mutterschaft nicht vorgesehen. Ich bin am Samstag Großtante geworden und lebe meine Mütterlichkeit trotzdem."

Vera: „Ich hatte das Gefühl, eine tote Blume zu sein, wo nichts mehr nachkommt. … Der Engel schwieg, und es schweigen die Nächte, und es schweigt der Wald, und es schweigen die Kirchen in Ewigkeit. Amen."

Eine Frau schreibt als Antwort auf den folgenden Segenstext: „Da ich persönlich betroffen bin, hat mich Ihr ‚Segen für dich, die du keine Kinder hast' sehr berührt. Und obwohl ich das Thema nach vielen Jahren der Verzweiflung und der stillen Trauer, und leider auch des Neides gut verarbeitet habe, war ‚Ihr' Segen sozusagen die Krönung der eigenen Katharsis. Ganz herzlichen Dank!"


**Segen für dich, die du keine Kinder hast**
*So gerne wollte ich Kinder haben,*
*ich sah mich schon als Mutter.*
*Mich quälten die Fragen:*
*Ist mein Körper unfähig? Bin ich keine Frau?*
*Wo sind die Verheißungen der Medizin?*
*Heute lebe ich ohne den Segen des Mutterseins.*
*Ich lebe, was ich bin:*
*kreativ, warmherzig, aufmerksam.*
*Ich horche auf den Ruf,*
*ich stehe vor der Tür zu neuen Lebensräumen.*
*Heute lebe ich unter dem besonderen Segen*
*der göttlichen Weisheit!*
*Hanna Strack*

In der Familiensaga der Abraham-Sippe lesen wir von vielen Frauen, die zunächst unfruchtbar sind. Das war deshalb für sie so schlimm, weil die Eigentümer von großen Viehherden und Weideflächen ihren Besitz einem Knecht vererben müssten. So war die Geburt eines Sohnes für sie sehr, sehr wichtig:

Sara, Abrahams Frau, rechnet nicht mehr mit einem Kind. Sie bittet deshalb Abraham, mit ihrer Magd Hagar zu schlafen. Hagar gebiert den Ismael auf dem Schoß der Sara und so wird er der Erbe. Doch es gibt Streit zwischen den Frauen. Abraham muss Hagar und Ismael in die Wüste schicken. (1. Mose 15,3f; 16; 21)

In der zweiten Generation ist es Rebekka. Lange warten sie und Isaak auf ein Kind. Isaak bittet Gott, Rebekka wird schwanger mit den Zwillingen Jakob und Esau. (1. Mose 24,60; 25,21)

In der dritten Generation dann Rahel: Sie sagt zu Jakob: „Verschaff mir Kinder! Wenn nicht, dann will ich sterben." Doch Jakob entgegnet: „Bin ich etwa anstelle der Gottheit, die dir Kinder vorenthält?" (1. Mose 30,1.2) Die Erfahrung, dass Schwangerschaft nichts Selbstverständliches ist, wird religiös verstanden als das Handeln Gottes.

Die Geschichte von Hanna, der Mutter des Propheten Samuel, ist besonders ergreifend. Weil Gott ihren Mutterschoß verschlossen hatte, kränkte ihre Rivalin sie derartig, dass sie weinte und nichts aß. Da sagte ihr Mann Elkana zu ihr: „Hanna, warum weinst du und isst nichts? Warum geht es dir so schlecht? Bin ich nicht besser für dich als zehn Kinder? … Hanna aber war im Innersten verbittert. Sie betete zu Gott und weinte heftig." (1. Samuel 1,8–10)

Hanna bekommt dann doch noch ein Kind und gelobt, es, wenn es abgestillt ist, dem Tempel zu weihen.

Im Neuen Testament spielt die Frage nach Kindern keine Rolle mehr. Von Maria Magdalena, der bedeutendsten Jüngerin Jesu, wissen wir nicht einmal, ob sie verheiratet war.

Aber auch die Frau, die keine Kinder haben wird, ist im Blick der Autoren der Bibel: „Jubele, du Unfruchtbare, die nicht geboren hat! Brich in Jubel aus und jauchze, die du nicht schwanger warst! Denn zahlreicher sind die Kinder der Verwüsteten als die der Ehefrau, spricht Gott. Mache den Raum deines Zeltes weit, breite die Zeltplanen deiner Wohnung aus, spare nicht! Mach deine Zeltseile lang, ramme deine Zeltpflöcke fest!" (Jesaja 54,1–2)

In einem Gebet zum Lob der ägyptischen Göttin Taweret, deren Name „Die in Vollkommenheit kommt" bedeutet, heißt es: „Mögest du mir die Hand geben, mögest du meine Lebensspenderin sein, weise mir Kinder zu!"

# Im Grenzbereich von Leben und Tod

Kein anderer Lebensbereich ist so nahe an beidem, dem neuen Leben und dem Sterben, wie die Zeit der Familiengründung. Im Körper der Frau ereignet sich Schöpfung und Sterben, Leben und Tod. Meist merkt die Frau es nicht, wenn eine befruchtete Eizelle stirbt, z. B. bei einer begonnenen Zwillingsschwangerschaft. Dabei erlebt der überlebende Zwilling mehr, als wir bisher dachten.

Die Erfahrung einer Fehl- oder gar einer Totgeburt ist dagegen tief erschütternd und führt an den Abgrund: Wie soll ich weiterleben? Trotz aller Medizin und Forschung gibt es sie heute immer noch – wie auch damals zu biblischen Zeiten. Mütter und Väter empfinden nicht, dass ihr Kind eine „Fehlgeburt" sei. Damit wird das Kind zur Sache gemacht. Welches andere Wort passt besser?

Gut ist es, dass es immer mehr Gedenkstätten gibt, an denen die Eltern trauern können, so wie in Hamburg auf den Ohlsdorfer Friedhof, auf dem die Initiatorin Susanne Schniering jedes Jahr eine Gedenkfeier hält.

Karoline wurde mitgeteilt, dass ihr Kind nicht lebensfähig sein wird:

„Vor zwei Wochen haben wir erfahren, dass unser Kind nicht gesund sein würde. Wenn alles gut läuft, könnte es noch die Zeit bis zur Geburt schaffen, danach würde es aber mangels fehlender Lungenausbildung sterben. Wir entschlossen uns, die Schwangerschaft nicht abzubrechen, sondern unserem Kind (und Gott) die Entscheidung zu überlassen, wann und wie es gehen will. Dann setzten die Wehen ein und unsere kleine Lucia wurde tot geboren. Wir hätten uns gern noch mehr bewusste Zeit mit ihr gewünscht, aber für den Abschied ist sowieso nie der richtige Zeitpunkt und ich bezweifle, ob wir dann mehr vorbereitet gewesen wären. Ich bin überglücklich, diese wenigen Monate mit meiner Tochter verbracht zu haben, und bin trotzdem voller Tränen und Trauer."

Ruth-Nunzia hat ihre leidvolle Erfahrung in einem Gedicht niedergeschrieben:

*Du, kleines, ungeborenes Wesen*
*hineingepflanzt in meinen Körper*
*voller Hoffnung auf Zukunft*
*doch sie ist dir nicht bestimmt*
*vor dem Leben beginnt das Sterben*
*Du, kleines, feines Böhnchen*
*hinausgeworfen in die raue Erde*
*Dein Lebenskampf ist hart*
*gedeihen oder verderben*
*mein Körper wollte dich beherbergen*
*doch deine Bestimmung ist anders*
*mir bleibt es,*
*mich der Leere in mir zu stellen*
*und mich dem Leben anzuvertrauen*


**Segen für unser totes Kind**
*Du warst ein Kind der Hoffnung,*
*unsere Liebe umhüllte dich,*
*unsere Fantasie schmückte dein Leben aus.*
*Du warst ein Kind der Freude.*
*Wie eine Blüte ging unser Herz auf,*
*denn wir erwarteten dich voll Sehnsucht.*
*Du warst ein Kind des Lebens.*
*Wir wollten Leben weitergeben*
*und uns selbst beschenken lassen.*
*Du bleibst unser Kind.*
*Doch du bist ein Kind der Sehnsucht,*
*das zu einem Kind der Trauer wurde.*
*Du hast sie nicht gesehen,*
*den Sonnenglanz*

*und die Mondsichel.*
*Du hast nicht geschaut*
*in unsere leuchtenden Augen.*
*Nun aber siehst du das Licht,*
*das strahlende, wärmende Licht der Liebe Gottes.*
*Auch du wohnst im Hause Gottes,*
*wo viele Wohnungen sind.*
*Du bist gesegnet,*
*du Kind der Hoffnung,*
*der Freude und des Lebens.*
*Und mit dir ist gesegnet*
*unsere Trauer um dich,*
*du Kind bei Gott. Amen*

*Hanna Strack*


**Segen der Engel**
*Der Engel des Trostes trockne eure Tränen.*
*Der Engel der Stärke richte euch wieder auf.*
*Der Engel der Zuversicht schenke euch wieder Vertrauen.*
*Der Engel der Liebe umfasse euch von allen Seiten.*
*Der Engel des Glaubens führe euch zum Wiedersehen in Gottes Reich. Amen*

*Klaus Schäfer*


In einer Erzählung der Bibel werden Fehlgeburten dem schlechten Wasser zugeschrieben:

„Die Leute aus der Stadt sagten zu Elischa: ‚Sieh doch, die Lage der Stadt ist gut, wie mein Herr sehen kann, doch das Wasser ist verdorben, und das Land ist kinderlos!' Da sagte er: ‚Gebt mir eine neue Schüssel und legt dort Salz hinein!' ...

Dann ging er zur Wasserquelle hinaus, warf das Salz dort hinein und sprach: ‚So spricht Gott, die Ewige: Ich heile dieses Wasser! Nie wieder soll von ihm Tod und Kinderlosigkeit kommen!' Und so geschah es." (2. Könige 2,19–21)

# Schwangerschaftsabbruch

Immer noch geschieht es, dass Frauen unter einem so großen Druck stehen und keinen anderen Ausweg mehr sehen, als das Kind abzutreiben. Wie müsste eine Gesellschaft aussehen, wo dies nicht mehr nötig wäre? Auf jeden Fall wäre es nötig, die Selbststärke der Frau zu unterstützen.

Es ist immer ein schmerzhafter Prozess, ganz besonders, wenn es eine so genannte Spätabtreibung ist. Die werdende Mutter und ihr Kind sind nicht nur körperlich, sondern auch seelisch eine Einheit. Und die Trauer über das verlorene Kind kann die Frau und auch den Partner lebenslang beschäftigen.

Dort, wo eine Gedenkstätte für die allzu früh verstorbenen Kinder ist, die früher nicht einmal beerdigt wurden, haben Frauen heute einen Ort für ihre Trauer.

Almuth redete mit dem Kind und nannte es ihren kleinen Stern, deren Zeit noch nicht reif ist, auf die Erde zu kommen. Und sie nahm das Kind in ihr Herz und hatte Frieden.

Gundula sagt: „Noch heute, nach dreißig Jahren, erscheint mein Kind mir im Traum."

Edith beschreibt ihre Erfahrungen in einem Gedicht:

*ein kleines sternchen in mir wuchs ...*
*so winzig und schön.*
*es leuchtete in mein gemüt*
*und wollte nicht mehr gehn.*
*doch ich sagte ihm: hey kleiner stern,*
*es ist noch nicht die zeit ...*
*ich hab dich lieb und auch sehr gern*
*doch ich habe noch keinen platz*
*so sagte ich und schickte ihn*
*mit vielen tränen*
*und schmerz*
*zurück ins weite himmelszelt.*
*dort leuchtet er,*
*der süße wicht bis in alle ewigkeit.*
*und wenn ich traurig oder einsam bin,*
*schau ich hinauf in die dunkle nacht ...*
*und sehe ihn am himmel leuchten.*


**Krankes Kind im Mutterschoß**
*Unser Kind –*
*Wir haben deine Gestalt gesehen*
*im Ultraschallbild.*
*Wir haben dein Strampeln gefühlt und ertastet*
*im Bauch.*
*Wir haben dich erwartet*
*in unserer Welt –*

*Kind im Mutterschoß,*
*nun sehen wir es,*
*nun ist die Angst da:*
*Du bist krank.*
*Du würdest nur mühsam leben.*
*Du würdest unsere Kraft überfordern,*
*die deiner Eltern, und deiner Geschwister.*
*Kind unserer Sorge,*
*wir können es nicht schaffen,*
*wir geben dich zurück dorthin,*
*von wo du kamst.*
*Krankes Kind im Mutterschoß –*
*verzeih uns!*
*Eine barmherzige Gottheit*
*nehme dich in ihren mütterlichen Schoß!*
                              *Hanna Strack*

Eine Beraterin gibt den Frauen diesen Text mit: „Ihr Kind hat seine Aufgabe auf Erden erfüllt. Sie werden immer wieder einmal daran denken, vielleicht begegnet es Ihnen im Traum. Menschen trauern sehr verschieden. Sie selbst aber trauern so, wie es für Sie gut ist. Der beste Weg, Trauer zu überwinden, ist mitten durch die Trauer durchzugehen. Ich wünsche Ihnen, dass Sie die innere Ruhe finden und Ihre jetzige Entscheidung verstehen. Ich wünsche Ihnen, dass Sie dann offen und froh wieder Ihr Leben gestalten können."

*Getragensein*

In der Tradition des frauengerechten Brauchtums gab es die Solidargemeinschaft der Nachbarinnen, die bei Geburten, Hochzeiten und bei Begräbnissen einander halfen. Das sieht man auf alten Altarbildern, die die Geburt Marias darstellen. Im Wochenbett ist ihre Mutter Anna. Frauen versorgen sie und das Kind. Diese Frauengruppe feierte dann recht ausgelassen die „Kindbettzeche".

Diese Netzwerke werden heute neu geknüpft: die Vorbereitungs- und Rückbildungskurse bei Hebammen, die „Doulas", die eine spezifische Ausbildung haben zur Begleitung von Schwangeren und Gebärenden, Familienhebammen, auch die Krabbelgruppen in den Kirchengemeinden.

Eine neue Bewegung, die sich „Wellcome" nennt, wurde 2002 in den beiden evangelischen Familien-Bildungsstätten Hamburg-Niendorf und Norderstedt durch deren Leiterin Rose Volz-Schmidt gegründet. Sie sagt: „Das Baby ist da, die Freude ist riesig – und nichts geht mehr." Immer gilt es, die Lebenskräfte der werdenden oder jungen Mutter zu stützen und zu stärken.

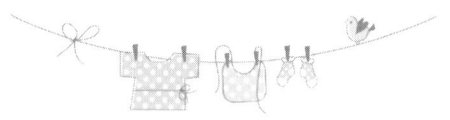

## Die Familie – die Großeltern

Wenn die Mutter mit dem kleinen Kind alleine zuhause ist, kann es sein, dass ihr alles über den Kopf wächst. Sie ist sehr sensibel, will alles richtig machen, bekommt Schuldgefühle, weil sie es nicht schafft.

Zwischen der Frau und ihrer Mutter oder Schwiegermutter kann es Spannungen geben und sie wünscht sich nur eines: keinen Besuch von ihr! Dann muss der Vater des Kindes die schwierige Aufgabe übernehmen, sie zu schützen und es der Großmutter zu sagen. Und die Frau wird sich innerlich von ihrer Mutter abnabeln.

Wenn aber die Großmütter Zurückhaltung und Achtung üben, die junge Mutter unterstützen und stärken wollen, dann können sie sehr hilfreich sein. Keine Forderungen, keine Vorwürfe! Stattdessen Dankbarkeit, dass die Tochter oder Schwiegertochter das Kind getragen und geboren hat.

„Großeltern sind ein wertvoller Schatz", schreibt Angela, „es ist gut, wenn sie schnell erreichbar sind. Und vor allem sind sie für Mutter und Kind eine gute Hilfe.

Ich kam aus Sachsen nach Mecklenburg, habe vier Kinder und einen Mann, der Pastor ist und eine ungeregelte Arbeitszeit hatte. In der Zeit, als die Kinder klein waren, arbeitete ich mit in der Gemeinde; also war ich immer einsetzbar, wenn Not am Mann/an der Frau war. Innerfamiliär war es gut zu regeln. War ich unterwegs, wurden die Kinder von meinem Mann versorgt. Doch wenn etwas unvorhergesehen geschah, war es schwierig: Wohin mit den Kindern? Oder wenn ein Kind krank wurde: Wer bleibt bei den gesunden, wenn ein Arztbesuch anfiel. Damals wünschte ich mir eine Großmutter, die kam, die auch mir ein seelischer Halt war, die sagte: alles wird gut! Ich nahm mir vor, später für die Enkelkinder da zu sein.

Heute bin ich behilflich, wo auch immer ich gebraucht werde. Kleine Kinderhände berühren mich, große Kinderaugen sehen mich an und hören meinen Geschichten zu. Ich nehme mir Zeit zum Spielen, zum Spazieren und zum Singen. Es gibt so viel, was ich weiß, und es entstehen spannende Geschichten. Von Zeit zu Zeit ist auch der Großvater da. Für ihn ist es besonders schön, denn als die eigenen Kinder klein waren, gab es oft Zeiten, wo er nur von ferne alles beobachten konnte. Jetzt hat er Zeit, um das Fahrrad zu reparieren oder einfach mal das Enkelkind „auf Opas Arm" zu nehmen, wo es die Welt von oben beobachtet. Seine beruhigende Stimme hilft beim Einschlafen.

Deshalb sind Großeltern so wichtig und ein wertvoller Schatz und die Enkelkinder ein wunderbares Geschenk."

**Eine Großmutter spricht**
*Wachse im warmen Schoß deiner Mutter!*
*Stähle deine Glieder im Fruchtwasser*
*und nähre dich vom Mutter-Kuchen!*
*Spanne alle Sinne in der Geborgenheit*
*und Stille!*
*Und wenn deine Mutter dich dann gebiert:*
*Tu den ersten Schrei*
*und schreie immer weiter*
*gegen Ungerechtigkeit*
*und Unterdrückung!*
*Und wenn du an der Hand deines Vaters*
*dich aufrichtest,*
*dann steh immer wieder auf*
*gegen die Zerstörung deiner Lebenswelt!*
*Deine Eltern werden dir den Rücken stärken!*
*Sei gesegnet, mein Enkelkind!*
        *Hanna Strack*

Im Mittelalter war die heilige Anna, die Großmutter Jesu, eine hoch verehrte Heilige. Sie ist die Mutter von Maria, ihr Mann ist Joachim. In allen Belangen der Schwangerschaft und Geburt haben Frauen sie angerufen. Es gibt viele Bilder und Skulpturen mit Anna, Maria und Jesus. Sie heißen Anna selbdritt, weil drei Generationen dargestellt sind. Das Motiv geht auf eine Erdmutterfigur zurück, die beide Menschen, Mann und Frau, geschaffen hat.

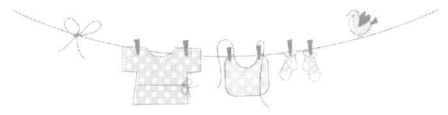

## Netzwerke – Freundinnen

In früheren Jahrhunderten waren es die Nachbarinnen und Freundinnen, die der Frau bei der Geburt und danach beistanden. Heute fehlt es oft an solchen Netzwerken. Umso wichtiger ist es, aufmerksam zu sein, wo Hilfe gebraucht wird, und dann auch emotional offen und zugewandt zu sein.

Die Teilnehmerinnen an den Rückbildungskursen bei den Hebammen sind oft solch eine Gruppe, die sich gegenseitig Mut macht, Ratschläge austauscht und unterstützt.

Netzwerke sind gerade auch für Migrantinnen eine Quelle der Kraft!

Zwei Freundinnen und Hebammen, Jessica und Rita, erleben die Geburt gemeinsam: „Als mich der Anruf meiner Freundin Rita erreichte, dass sie soeben einen Blasensprung hatte, war ich sehr aufgeregt. Hatte ich ihr doch eine Stunde zuvor noch gesagt, dass sie mit der Geburt noch warten müsse, weil ich da erst die Möglichkeit habe, meinen Sohn unterzubringen. Rita erwiderte, dass sie nicht wisse, ob sie so lange durchhalten kann. Die Kinder suchen sich eben selbst aus, wann sie geboren werden möchten. Das wissen wir auch aus unserer Erfahrung als Hebamme.

Ich fand schließlich doch eine Lösung, sodass ich mich voll und ganz Rita und ihren Bedürfnissen widmen konnte. Zum Abend wurden die Wehen kräftiger. Auch ihr Partner wich in entspannter Hausatmosphäre nicht mehr von ihrer Seite. Wir unterstützten sie in der Wehenatmung, massierten und motivierten sie. Für mich bedeutete es sehr viel, bei der Geburt dabei sein zu können. So ein unbeschreibliches einzigartiges Ereignis schweißt auf Lebenszeit zusammen. Ich fühlte mich gebraucht und wollte Rita ein wenig von dem zurückgeben, was sie mir zur Geburt meines Kindes gab, die jetzt fast ein Jahr zurückliegt.

Als ich nach vier Stunden den kleinen Valentin auf meinem Arm hielt, fühlte es sich so an, als hätte ich die Geburt meines eigenen Sohnes noch einmal emotional erlebt. Wir fielen uns alle in die Arme, waren überglücklich, dass ein gesundes Kind ohne Komplikationen geboren wurde. Es war ein Geschenk des Himmels, ein Geschenk Gottes. Wir weinten und lachten zugleich."

### Wiege-Segen

Wir bilden einen Kreis um die Frau, die gesegnet werden möchte. Wir wiegen sanft hin und her.
Dann spricht eine Frau:

„Wir nehmen dich in unsere bergende Mitte und erbitten Gottes heilsamen Segen. Wiegenden Schrittes spinnen

wir ein Netz aus Liebe, unsere Körper bilden einen
schützenden Rahmen. Er lädt ein, dich im Hier und Jetzt
zu spüren, Zeit für dich, Zeit für uns, im Miteinander
Gottes nähren – den Segen in uns aufzunehmen.
Zärtliche Töne mögen deinen Leib massieren, sanfte
Worte deine unterkühlte Seele wärmen.
Wiegenden Schrittes öffnen wir unseren Kreis, voll
Vertrauen, dass du nicht alleine unterwegs bist, senden
wir dich in deinen Alltag: Gott segne dich und du wirst
ein Segen sein!"
Langsam lassen wir unsere Hände los und treten einen
Schritt zurück.
Ebenso können wir einen tröstenden und heilenden Kreis
bilden für eine Frau, die große Sorgen hat. Dabei
können wir einen Gegenstand in die Mitte legen, der an
diese Frau erinnert.
Alle, die nicht das Wort „Gott" verwenden wollen,
können die Passiv-Form nehmen. „Sei gesegnet!" statt
„Gott segne dich!"

*Charlotte Fischer*

Als Rebekka sich entschlossen hatte, zu Isaak zu ziehen in ein fernes Land, hat ihre Amme Debora sie begleitet, ein Zeichen einer tiefen Frauenfreundschaft. Später wird von Deboras Begräbnis berichtet, das ist ein Zeichen für die hohe soziale Stellung, die sie innehatte: „Sie wurde unterhalb von Bet-El begraben unter dem heiligen Baum. Dem gab er (Jakob) den Namen Allon-Bachut, ‚Träneneiche'". (1. Mose 24,59; 35,8)

Kaum dass sie schwanger geworden war, besuchte Maria, die Mutter Jesu, ihre Kusine Elisabet, die ebenfalls in guter Hoffnung war. Die Erzählung wird anhand der Schwangerschaftsmonate ausgefaltet.

„Nach diesen Tagen aber empfing Elisabet, seine Frau, und sie verbarg sich fünf Monate lang und sagte: ‚So hat mir Gott getan in den Tagen, in denen er darauf geachtet hat, meine Demütigung unter den Menschen hinwegzunehmen.' Im sechsten Monat aber wurde der Engel Gabriel von Gott in eine Stadt Galiläas gesandt, die Nazaret hieß, zu einer jungen Frau. Diese war verlobt mit einem Mann namens Josef, aus dem Hause Davids; Der Name der jungen Frau war Maria. …

Der Engel Gabriel (sprach zu Maria): … ‚Und siehe, du wirst schwanger werden und einen Sohn gebären … Siehe, Elisabet ist mit dir verwandt: Sie hat in ihrem Alter ein Kind empfangen und dies ist der sechste Monat für sie, die unfruchtbar genannt wurde. Denn kein Wort, das von Gott kommt, wird kraftlos sein' …

Maria brach in diesen Tagen auf und wanderte in Eile durch das Bergland in eine Stadt Judäas. Sie ging in das Haus des Zacharias und begrüßte Elisabet. Und als Elisabet den Gruß Marias hörte, da hüpfte das Kleine in ihrem Bauch. Elisabeth wurde mit heiliger Geistkraft erfüllt, rief laut und sprach: ‚Gesegnet bist du unter den Frauen, und gesegnet ist die Frucht deines Leibes! Als ich die Stimme deines Grußes hörte, hüpfte das Kind vor Freude in meinem Leibe.' … Maria aber blieb mit ihr drei Monate lang zusammen. Dann kehrte sie in ihr Haus zurück." (Lukas 1,24–56)

# Patchworkfamilie

Fast alle Familien, die wir kennen, sind in irgendeiner Weise Patchworkfamilien. Sei es, der Vater und/oder die Mutter brachten ein vorehelich geborenes Kind oder ein Kind aus erster Ehe mit; sei es, Kinder aus vorigen Partnerschaften bleiben in der neuen Familie.

Es ist für uns alle heute eine Selbstverständlichkeit. Doch diese besonderen Beziehungskonstellationen finden in keinen Ritualen ihren Ausdruck. Wie erlebt ein Heranwachsender die Geburt des Kindes seines Vaters mit einer anderen Frau? Kann er, kann sie es willkommen heißen?

Auch Großeltern sind miteinbezogen. Wie feiern sie Neuankömmlinge in den Familien ihrer Kinder? Oft sind die Spannungen allgegenwärtig, doch geht es auch harmonisch, wie dieses Beispiel zeigt:

Sandra und Toru, ein deutsch-japanisches Paar, haben selbst drei Kinder, dazu kommen die beiden Töchter aus Torus erster Ehe. Sandra schreibt: „Als ich meinen Mann und seine beiden Kinder kennenlernte, waren diese sechs und acht Jahre alt. Dass wir uns so schnell mochten und miteinander warm und vertraut wurden, erlebe ich auch heute noch mit großer Dankbarkeit. Wir haben eine tragfähige Beziehung aufgebaut, die auch Konflikte aushält.

Unsere Familie wuchs schnell. Inzwischen erwarten mein Mann und ich unser drittes gemeinsames Kind. Die beiden großen Kinder sind am Wochenende bei uns.

Großes Glück haben wir, dass die Kommunikation mit der Mutter der Kinder und ihrem Mann gut läuft. Zu viert haben wir als ‚Elternteam' mit der Zeit eine gute Gesprächsbasis schaffen können. Natürlich gibt es auch ein ‚Früher' und Konflikte, die irgendwo untergründig da sind. So eine Situation zwischen vier Erwachsenen dieser Konstellation ist sehr komplex! Nach einem Gespräch aber dürfen sich vor allem die ‚Ex-Partner' wieder als Eltern erleben, denen am meisten das Wohl der Kinder am Herzen liegt. Denn die Kinder sind das eigentlich Verbindende.

Manchmal wird mir das natürlich auch alles zu viel, wenn die ehemalige Frau meines Mannes bei uns zu viel Platz einnimmt. Manchmal bin ich auch eifersüchtig auf die Kinder, mit denen ich meinen Mann teilen muss. So ist es, ich bin keine Heilige. Aber diese Gefühle dürfen sein, gelebt und ausgesprochen werden – und dann vergehen sie wieder. Für die wunderbar gelassene Offenheit, die mir mein Mann da entgegenbringt, bin ich ihm unendlich dankbar.

Und dann fällt mir zwischendurch auch immer wieder einmal ein, dass nicht wir, sondern die Kinder, die zwischen den zwei Familien pendeln, die allergrößte Leistung erbringen. Und das zweimal in der Woche. Wer von uns würde das schon hinkriegen? Ein zweifaches Zuhause, in zwei Wertesystemen mit unterschiedlichen Regeln und Gewohnheiten und bei uns auch noch in zwei Sprachen und Kulturen zu leben. Wir können uns vor ihrer großartigen Fähigkeit alle nur tief verneigen.

Das Leben in dieser Familie mag schon etwas anstrengend sein. Wenn andere Leute in ihr entspanntes Wochenende gehen, fängt bei uns die intensivste Zeit an. Alle Kinder wollen und brauchen volle Aufmerksamkeit. Die zum Teil sehr unterschiedlichen Bedürfnisse von Kleinkind und Teenager zu erfüllen, alle gebührend zu versorgen, Geschwisterstreit zu schlichten und trotzdem entspannt zu bleiben, ist nicht unbedingt leicht. Ich denke, das gilt für alle Beteiligten, Erwachsene wie Kinder.

Und vielleicht ist es gerade in einer Patchworksituation so, dass jeder Einzelne sich mehr zurücknehmen muss. Damit die Familie als Ganzes bestehen kann.

Ja, das ‚Ganze' erfordert mehr Mühe. Es muss aktiv geschaffen werden, immer wieder.

Dankbar bin ich, diesen Platz in ihr zu haben, und fühle mich reich beschenkt."


**patchworked**

*ich bin dankbar*
*meiner frau*
*den kindern*
*meiner ehemaligen frau und ihrem mann*
*dafür*
*dass ich diese familie haben kann*
*und muss sagen*
*dass sie mir ein so großes geschenk ist*
*wie ich es mir nicht hätte erträumen können*

*ich wusste nicht*
*dass es eine zweite chance geben kann*
*ich wusste nicht*
*dass es gut sein kann*
*wenn nicht nur einer vater ist*
*wenn nicht nur eine mutter ist*

*ich wusste nicht*
*dass es wirklich jemanden gibt*
*der aus scherben*
*große gefäße machen kann*

*jetzt weiß ich es*
*ich weiß immer nur*
*hinterher*
                    Toru


Unter den vielen einzelnen Büchern der Bibel finden wir auch das Buch Rut, eine kleine Novelle über die Freundschaft zwischen der Schwiegermutter Noomi und der Schwiegertochter Rut, die am Ende zur Gründung einer Patchworkfamilie führt. „Darauf sagte Rut: ‚Bedränge mich doch nicht, dich zu verlassen, mich von dir abzuwenden. Denn wo auch immer du hingehst, da gehe ich hin, und wo auch immer du übernachtest, da übernachte auch ich, dein Volk ist mein Volk, dein Gott ist mein Gott, wo du stirbst, da sterbe ich, dort will ich begraben werden. Gott tue mir alles Mögliche an, aber nur der Tod wird dich und mich trennen!'" (Rut 1,16–17)

Als Rut von Boas ein Kind gebar, „sagten die Nachbarinnen zu Noomi: ‚Gesegnet sei Gott … Er lässt deinen Lebensgeist zurückkehren und wird dich im Alter versorgen, denn deine Schwiegertochter, die dich liebt, hat ihn geboren. – Sie, die für dich besser ist als sieben Söhne.' Noomi nahm das Kind, legte es auf ihren Schoß und wurde seine Adoptivmutter. Die Nachbarinnen gaben ihm einen Namen und sprachen: ‚Ein Sohn ist der Noomi geboren' und nannten ihn Obed, d. h. der Diener. Der ist der Vater Isais, des Vaters von David." (Rut 4,13–17)

# Alleinerziehende

Es gibt viele Gründe, weshalb eine Frau alleinerziehend ist:
- Eine Frau möchte ein Kind, aber keinen Mann. Sie wird ihr Kind allein aufziehen. Sie wird ihrem Kind später sagen, warum es keinen Vater hat.
- Eine Mutter verlässt zusammen mit dem Kind ihren Partner.
- Der Vater des Kindes möchte sich der Verantwortung entziehen.

Dann machen sich seelische Verletzungen, Enttäuschung und Einsamkeit breit. Die Familie ist zerrissen, der Traum vom gemeinsamen Glück – besiegelt durch ein Kind – geplatzt.
- Der Vater ist gestorben, die Mutter ist jetzt Witwe, auch umgekehrt, kann der Vater als Witwer allein zurückbleiben.

Nun gilt es, den Alltag neu zu organisieren. Mit wem teile ich die Freude über neue Fähigkeiten des Kindes? Wer ist bei mir in den Nächten, in denen das Kind krank ist? Wohin mit meiner Trauer?

Gunhild schreibt: „Ich habe meinen Partner mit unserem gemeinsamen Kind verlassen. Die Gründe dafür sind vielschichtig: Ich fühlte mich in Erziehungsfragen allein gelassen, ich wollte mehr, als nur Mutter und ‚Frau am Herd' sein. Es begann eine Zeit der Selbstfindung. Ich reiste viel mit meinem Sohn vor allem durch Asien, arbeitete und lebte in Ägypten. Den Kontakt zum Vater hielten wir und Jakob besuchte ihn, wenn wir in Deutschland waren. Ich habe ein großes Maß an Freiheit erhalten. Ich konnte Entscheidungen für uns beide fällen und dabei meine Träume leben. Der Preis dafür waren Alleinsein und Einsamkeit – ein hoher Preis, den ich gezahlt habe. Es war eine gute und sehr lehrreiche Zeit für mein Leben und auf dem Weg der Spiritualität, auf dem Weg mit Gott. Ich danke dafür, dass es den Kontakt zwischen Vater und Sohn und einen freundschaftlichen Kontakt zwischen uns beiden gibt. Das Kind steht oft dazwischen, muss sich mit der Situation der Eltern arrangieren. Es ist zerrissen, in vielen Entscheidungen unsicher. Ist es beim Vater, vermisst es die Mutter, und ist es bei der Mutter, fehlt der Vater. Aufgabe der Eltern ist es unbedingt, den eigenen Schmerz – und ist er noch so groß – zurückzustellen und das Kind zu schonen – eine sehr schwere Aufgabe."


**Fürbitte für alle getrennten Eltern und Scheidungskinder**
*Lieber Gott im Himmel,*
*ich bitte dich für alle Familien, die getrennt sind.*
*Trockne die Tränen der Enttäuschung.*
*Fülle die Einsamkeit mit neuen Eindrücken.*
*Tröste und halte die zarte Kinderseele in deiner Hand.*
*Sende dein Licht in unsere Seelen.*
*Lass sie einen Weg finden, aufeinander zuzugehen.*
*Gib uns die Chance zur Versöhnung.*
*Hilf, einander zu verzeihen.*
*Öffne unsere Münder, um miteinander zu reden.*
*Sende deine Liebe in unsere Herzen. Amen*
*Gunhild Nienkerk*

Eine Erzählung aus der Familiensaga der Bibel kann Alleinerziehende stärken: Hagar, die Leihmutter für Sara und Abraham, ist eine Alleinerziehende geworden, weil Abraham sie auf Geheiß Saras in die Wüste geschickt hat – im wörtlichen Sinn, so wie es heute oft im übertragenen Sinn vorkommt. Als die beiden zu verdursten drohten, weil ihnen das Wasser zum Leben ausging, zeigte ein Engel Hagar eine Wasserquelle und so konnten sie überleben und das Kind wurde ein Bogenschütze. (1 Mose 21,14–21)

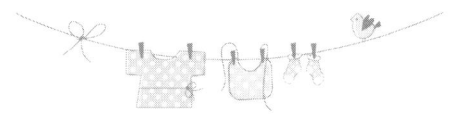

## Adoptivkinder

Adoptiveltern müssen alle Wunschvorstellungen verabschieden, damit sie der Entwicklung des Kindes nicht im Weg stehen. Da gilt es die Liebe zu reinigen von allem „Selbstischen". Eigentlich gilt das für alle Eltern-Kind-Beziehungen! Nur die Kluft zwischen Adoptivkindern und Eltern scheint manchmal unermesslich. Sie ist sicher genetisch und soziokulturell begründet.

Lore schreibt folgende Gedanken zur Adoption ihrer Kinder. „Der Traum von eigenen Kindern hat viele Jahre unsere Ehe begleitet. Ich war Lehrerin und liebte meine Grundschulkinder. In den 60er Jahren gab es noch keine Kinderwunsch-Praxis. So wendeten wir uns an die umliegenden Jugendämter. Im Abstand von fünf Jahren wurden uns zwei Babys zugesprochen. Das Anfangsglück war überwältigend. Über Nacht wurden wir zu einer richtigen Familie. Zwei entzückende Kinder waren mir in den Schoß gelegt worden. Eltern sein zu dürfen, war ein Geschenk.

Später begriffen wir, dass zwei andere Mütter und zwei andere Väter unsere Familie mitprägten. Sie waren uns unbekannt, im Wesen der Kinder aber verwurzelt. Wir alle spürten ihre Präsenz. Das war für beide Seiten schwierig. Offene Adoption gab es damals noch nicht. Für die Erziehung fehlten uns hilfreiche Muster. Unsere Erziehungsmuster waren unangemessen.

Heute, nach vielen Umwegen, haben beide ihre Spur gefunden und sind glückliche Menschen."


**Gebet einer Adoptivmutter**
*Gott, meine Freundin!*
*Ich gebe mein kleines Kind auch in deine Obhut.*
*Und bitte dich: Sei sein treuer Freund!*
*Auf dem Acker der Welt*
*zwischen Steinen und Gestrüpp*
*brich ihm eine Bahn.*
*Er wird seine Gaben entdecken und entfalten.*
*Für mich aber bitte ich um Kraft*
*für meine Liebe zu ihm.*
*Segne uns beide, meinen Sohn und mich! Amen*

*Hanna Strack*
*nach einem Gespräch mit einer Adoptivmutter*


**Jüdisches Gebet bei der Geburt oder Adoption eines Kindes**
Wir danken dir, Gott, Quelle unseres Seins, die Welt erhaltend, dass du uns Leben gibst, uns ernährst und uns hast gelangen lassen zu diesem freudvollen Tag. Amen

Unsere Herzen sind voller Freude über das neue Leben, das uns anvertraut ist. Nicht mit Worten allein wollen wir danken, sondern mit dem Streben, unser Kind mit Liebe aufzuziehen, mit Verständnis und Fürsorge. Gib unserem Kind deinen Segen, dass er (sie) wachse an Körper, Geist und Denken. Möge er (sie) alles Gute, Schöne und Wahre lieben lernen, ein Segen werden für die Gesellschaft und für sich selbst. Möge unser Kind seinen (ihren) Weg finden in den Spuren der Tora und guter Taten als treues Mitglied seines (ihres) Volkes, stets dem Bund getreu. O Gott, gib uns Weisheit, Mut und Glaube, derer wir als Eltern bedürfen, um unser Kind großzuziehen als gütiges Wesen, als starke, glückliche und liebende Persönlichkeit. Amen *Gates of House, 1977, überliefert und übersetzt durch Pnina Navè Levinson*

Weil sein Leben gefährdet war, wurde Moses von seiner Mutter ausgesetzt und von der Tochter des Pharao adoptiert: Seiner Herkunft nach hat er hebräische Wurzeln, erzogen wurde er am ägyptischen Hofe, beides hat er in sich vereinigt.

Die Bibel erzählt: „Da kam die Tochter Pharaos zum Nil herab, um zu baden … Plötzlich entdeckte sie den Korb mitten im Schilf. … Sie öffnete ihn und sah das Baby: der Knabe weinte. Sie hatte Mitleid mit ihm und sagte: ‚Das ist eins von den hebräischen Kindern.' Die Schwester [des Moses hatte dies beobachtet und] sagte zu der Tochter Pharaos: ‚Soll ich dir eine von den hebräischen Frauen holen, die gerade Milch hat? Die kann dir das Kind aufziehen.' Die Prinzessin antwortete ihr: ‚Ja, tu das!' Da ging das Mädchen fort und rief die Mutter des Knaben. Zu ihr sagte die Pharaonentochter: ‚Nimm dieses Kind mit und stille es für mich; ich gebe dir den gebührenden Lohn dafür.' Die Frau nahm das Kind und nährte es. Der Junge wuchs auf, und sie gab ihn der Pharaonentochter zurück; die nahm ihn an Sohnesstatt auf. Sie nannte ihn Moses, denn – so dachte sie –: ‚Ich habe ihn aus dem Wasser gezogen.'"(2. Mose 2,5–10)

Jesus vermittelt vom Kreuz herab kurz vor seinem Tod die Adoption seines Freundes Johannes an seine Mutter Maria – Erwachsene als Geschenk füreinander: „Da sah Jesus seine Mutter und den Jünger, den er liebte, dastehen und sagte zu seiner Mutter: ‚Frau, hier ist dein Sohn.' Dann sagte er zum Jünger: ‚Hier ist deine Mutter.' Von der Zeit an nahm der Jünger sie zu sich." (Johannes 19,26–27)

*Symbole in Mythen und Märchen*

Alle Menschen haben die gleiche Urerfahrung im Bauch ihrer Mutter, in der Gebärmutter, erlebt und wurden durch eine übergroße Kraft unter der Geburt seelisch geprägt. Das alles haben die Menschen in ihrem körperlichen Gedächtnis gespeichert. Es sind dies die Grunderfahrungen des Glücks durch die Wärme und Geborgenheit in der Gebärmutter, des Mangels, wenn die Mutter zu leiden hatte, und der Angst bei der Geburt.

Daraus sind von alters her fantastische Bilder und Erzählungen von Menschen geschaffen worden, in denen sie dies immer wieder durchleben und verarbeiten konnten: das Paradies und heilige Orte für den Mutterleib, der Baum des Lebens für die Plazenta, die Schlange für die Nabelschnur, die mit der Nahrung verbindet und dann aber durchschnitten werden muss, Vertreibung aus dem Paradies und Sintflut als Gestaltung der traumatischen Geburtserfahrung.

Der Wunsch, in die mütterliche Geborgenheit zurückzukehren, und die Notwendigkeit, wieder neu geboren zu werden, um ein selbständiger Erwachsener zu werden, drückt sich in der Dramatik der Märchen aus: der Schlaf bei Dornröschen, die sieben Berge bei Schneewittchen, der Wald bei Hänsel und Gretel. Erst wenn die Gefahr durchstanden ist, die Heldin oder der Held sich von den Eltern gelöst hat und das Scheitern einer ersten Beziehung durchlitten hat, kann sie oder er fähig sein zu einer lebenslangen Beziehung: „Dann feierten sie Hochzeit … und wenn sie nicht gestorben sind, leben sie heute noch."

In den alten Volksmärchen, die vor der Sammlung durch die Brüder Grimm schon eine lange mündliche Tradition hatten, werden deshalb die Themen um Schwangerschaft und Geburt nicht ausgeblendet.

Viele Märchen fangen mit einer Situation des Mangels an. Die Frau, oft die Königin, kann kein Kind bekommen. So kann es nichts Neues in der Ehe, im Königreich geben, nur das Gesetz des alten Königs ist da. Dann wird doch ein Kind geboren. Aus dem Mangel heraus öffnet sich eine Zukunft, die aber immer auch mit Gefahren beladen ist. Erst nach einem langen Entwicklungsweg bricht endlich etwas Neues durch – die Hochzeit der Tochter wird gefeiert.

Das Märchen Rapunzel: „Es war einmal ein Mann und eine Frau, die wünschten sich schon lange vergeblich ein Kind … ‚Ach‘, sagte die Frau zu ihrem Mann, ‚wenn ich keine Rapunzel aus dem Garten hinter unserm Hause zu essen kriege, so sterbe ich.‘ Der Garten gehörte einer Zauberin. Die sagte zu dem Mann: ‚Verhält es sich so, wie du sagst, so will ich dir gestatten, Rapunzeln mitzunehmen, so viel du willst, allein ich mache eine Bedingung: Du musst mir das Kind geben, und ich will für es sorgen wie eine Mutter.‘"

Oder bei Dornröschen: „Vor Zeiten war ein König und eine Königin, die sprachen jeden Tag: ‚Ach, wenn wir doch ein Kind hätten!‘ und kriegten doch keins. Da trug es sich zu, als die Königin einmal im Bade saß, dass ein Frosch aus dem Wasser ans Land kroch und zu ihr sprach: ‚Dein Wunsch wird erfüllt werden, ehe ein Jahr vergeht, wirst du eine Tochter zur Welt bringen.‘ Der König lud zu einem großen Geburtsfest ein. Doch von den dreizehn weisen Frauen im Reich des Königs konnten nur zwölf kommen, weil nicht mehr Gedecke da waren. Sie beschenkten das Mädchen mit Tugend, Schönheit und Reichtum. Da trat die Dreizehnte wütend ein und rief: ‚Die Königstochter soll sich in ihrem fünfzehnten Jahr an einer Spindel stechen und tot hinfallen.‘"

In den Märchen ist die Großmutter ursprünglich die „Große Mutter", aus der alles Leben kommt, so wie es auch die heilige Anna, die Großmutter Jesu, ursprünglich war.

Im Märchen vom „Teufel mit den drei goldenen Haaren" erreicht der Held die Wohnung des Teufels und trifft dort auch des Teufels Großmutter, die „Lebens-Mutter".

Das Zerstörerische und das Lebenserneuernde bilden in beiden eine Ganzheit. Die Großmutter überlistet jedoch den Teufel und der Held kann im Besitz der drei goldenen Haare Zugang finden zu seinen schöpferischen Kräften. Das Lebenserneuernde obsiegt und heilt.

Auch ist die Stiefmutter ursprünglich nicht die zweite Frau des Vaters, wie wir heute meinen. Sie ist die Sinnfigur für die Mutter, die dem Kind nicht genug Liebe gibt und die es dadurch zwingt, den eigenen Weg zu suchen und zu finden.

*Liebe – Seele – Gott*

# In allem die Liebe

**Dankgebet**
*Ein Kleines fasst meinen Finger
und rauft mich an Scheitelhaar und
lacht über den gelungenen Angriff,
dass seine zwei Zähnchen blinken.
Ich bin so froh, dem Menschenkeimchen ein Schutzdach geschaffen
zu haben; vielleicht wäre es sonst
im Schmutz zertreten worden und
wir wären um eine Hoffnung ärmer.
Wie gut, dass das Menschenkeimchen
und ich uns im Weltall getroffen
haben.
Wir wollen's unserem Schöpfer
danken, das Glück der Liebe und
des Lebens.*
    Bertha Pappenheim, 19. September 1934

„Das Glück der Liebe und des Lebens" – Die Liebe ist das, was in allem fließt, alles trägt und allem Mut gibt. Es ist die Liebe der Mutter zum Kind, die Liebe der Eltern gegenseitig, die Liebe der älteren Geschwister, die Liebe der Großeltern und anderer Verwandten und nicht zuletzt die Liebe zu sich selbst. Jesus sagt: „Liebe deinen Nächsten wie dich selbst!" Erst dann können wir Liebe weitergeben, wenn wir uns selbst lieben. Es ist eine Liebe ohne Erwartungen an das Kind; ein Verzeihen, egal, was geschieht – eine große Erfahrung im Leben.

Diese Liebe der Menschen ist angeschlossen an den Strom der Liebe, die die tragende Kraft des Lebens ist, der Liebe Gottes.

Da ist das mystische Empfinden als eine „Liebe zum Ganzen". Michel Odent, Arzt und Geburtshelfer, meint, dies sollte daher in eine wissenschaftliche Erforschung der Liebe einbezogen werden: Das Liebeshormon Oxytozin ist die Grundlage der menschlichen Liebesfähigkeit, deshalb muss die Ausschüttung dieses Liebeshormons unter der Geburt möglich werden durch das so genannte Bonding, dieser kurzen Zeit gleich nach der Geburt, wenn das Kind zum ersten Mal auf der Mutter liegt.

Das pränatale Kind hat das volle Ja erfahren, es wird später in der Liebe zum Ganzen geborgen sein.

In diesem Sinn bildet der Satz aus dem 1. Johannesbrief des Neuen Testamentes den Abschluss und die Zusammenfassung dieses Buches: „Gott ist Liebe und wer in der Liebe bleibt, der bleibt in Gott und Gott in ihm." (1. Johannesbrief 4,16b)

**Ein Glaubensbekenntnis**
*Ich glaube, dass ich wertvoll bin*
*und dass ich Liebe erfahren und schenken kann.*
*Ich glaube, dass Anfang und Ende*
*des Lebens aller Menschen*
*in der Liebe geborgen sind. Amen*

*Hanna Strack*

Das Hohe Lied der Liebe besingt der Apostel Paulus in seinem Brief an die Gemeinde in Korinth:

„Wenn ich wie ein Mensch rede oder wie ein Engel und bin ohne Liebe, bin ich ein schepperndes Blech und eine gellende Zimbel. Und wenn ich die Gabe habe, die Zeichen der Zeit zu deuten, und alles Verborgene weiß und alle Erkenntnis habe und alles Vertrauen, sodass ich Berge versetzen kann, und bin ohne Liebe, dann bin ich nichts. Und wenn ich alles, was ich kann und habe, für andere aufwende und mein Leben aufs Spiel setze, selbst unter der Gefahr, auf dem Scheiterhaufen zu enden, und bin ohne Liebe, hat alles keinen Sinn.

Die Liebe hat einen langen Atem und sie ist zuverlässig, sie ist nicht eifersüchtig, sie spielt sich nicht auf, um andere zu beherrschen. Sie handelt nicht respektlos anderen gegenüber und sie ist nicht egoistisch, sie wird nicht jähzornig und nachtragend. Wo Unrecht geschieht, freut sie sich nicht, vielmehr freut sie sich mit anderen an der Wahrheit. Sie ist fähig zu schweigen und zu vertrauen, sie hofft mit Ausdauer und Widerstandskraft. Die Liebe gibt niemals auf. Prophetische Gaben werden aufhören, geistgewirktes Reden wird zu Ende gehen, Erkenntnis wird ein Ende finden. … Jetzt aber leben wir mit Vertrauen, Hoffnung und Liebe, diesen drei Geschenken. Und die größte Kraft von diesen dreien ist die Liebe." (1. Korinther 13,1–8.13)

Welchen Mächten vertrauen die Menschen gerade in der Familiengründungsphase, wenn Identitäten sich wandeln, Leben und Sterben aufeinandertreffen, Sorgen und Seligkeit, Enttäuschung und Hoffnung wie auf einer Achterbahn der Gefühle erlebt werden? Ist es die Macht der Wissenschaft, der Medizin, des Geldes, der Politik, des Bösen und der Zerstörung oder die Liebe zum Leben?

In diesem Zusammenhang kann von Gott als Macht der Liebe gesprochen werden.

# Gedanken über die Seele

Der erste Blick eines neugeborenen Kindes erscheint für viele Eltern und Hebammen wie ein Gruß aus einer anderen Welt. Ist es die Seele des Kindes, die durch die Augen zu uns spricht?

Schon während der Schwangerschaft sind Frauen seelisch mit dem Kind verbunden, auch wenn das heute durch die Ultraschalluntersuchungen oft in den Hintergrund gedrängt wird. Das Sehen scheint stärker zu wirken als das Fühlen.

Aber was ist die Seele? Die Meinungen darüber können unterschiedlicher nicht sein, denn was wir über die Seele denken, hängt ab von dem Weltbild, das wir haben.

Fragen und Beobachtungen führen uns weiter:

Haben Eltern die Seele ihres Kindes selbst erschaffen?

Entsteht sie während der Schwangerschaft oder ist sie schon bei der Zeugung gegenwärtig?

Wandert die Seele von Körper zu Körper durch die Jahrtausende?

Ein Vater antwortet seiner kleinen Tochter auf die Frage, wo die Kinder herkommen: „Du hast auf einer Wiese im Himmel gelebt und hast uns ausgewählt und bist dann zu uns gekommen!"

Für andere klingt es eher zynisch, denn warum sollte sich eine Seele z. B. ein qualvolles Schicksal wünschen? Um erzogen zu werden? Wieder andere sehen dies als große Chance.

Und wieder andere verstehen die Seele als ein Symbol für ein ganzes Bündel von Erfahrungen: das psychosomatische Erleben, das körperliche Gedächtnis, die vorsprachlichen Gefühle, das sinnhafte Erleben, die schöpferischen Gestaltungen, das

In-Liebe-miteinander-verbunden-Sein: Sie ist die Identität, das Selbst des Menschen. Die Seele ist demnach ein Sinnbild für das Mehr des Lebens, für die Erfahrung des Lebendigen und Wärmenden, für das unmittelbare Erleben im Augenblick und für das Ergreifende einer zwischenmenschlichen Beziehung. Im religiösen Sinn ist die Seele Ausdruck für das, was über Denken und Fühlen hinausgeht, sie transzendiert das Erleben und ist mehr als das Erleben. Die Seele steht sicher in Verbindung zum Urstrom des Lebens, zu Gott.

Welche Bilder verwenden Menschen für die Seele? Früher waren es Vögel, Schmetterlinge, Engel. In Ägypten und in der frühen Kirche bis ins Mittelalter gab es die Vorstellung, dass die Seele nach dem Tod aus der Nase steigt und den Körper verlässt, oft im Bild eines kleinen Engels oder Schmetterlings dargestellt. Im öffentlichen Leben gehört die Seele heute in den Wellness-Bereich, man kann „die Seele baumeln lassen", verspricht die Werbung.

Und wie erleben wir im alltäglichen Leben die Seele? Sie lacht und weint, sie hat Sehnsucht nach der Ferne und nach der Heimat, nach Frieden und nach Anerkennung. Die Seele leidet unter Stress, sie erlebt Grausamkeiten.

Wie auch immer wir uns die Seele vorstellen, es ist auf jeden Fall wichtig, die Seele der Menschen ernst zu nehmen, ihre Würde zu achten. Die Seele des Kindes wollen wir nicht vernachlässigen, sondern stärken, z. B. indem wir sie ernähren mit der reichen Bilderwelt des Unbewussten in Märchen und Mythen, Ritualen und Gebeten. Wir spüren auch, dass wir über die Seele des Kindes nicht herrschen können, wir können nur staunen und dankbar sein darüber, wie das Kind sich entfaltet und welche Persönlichkeit sich da entwickelt.

# Gott und Bilder von Gott

Wir unterscheiden zwischen Gott und Gottesbild. Gott ist das Geheimnis der Welt, die Schöpferkraft, das Kraftwerk der Liebe, der Urstrom des Lebens. Gottesbilder, die wir vorfinden, sind sehr zahlreich. Aus der christlichen Tradition kennen wir Bilder wie: Herr, Schöpfer, ein zorniger und strafender Richter, der gute Hirte, barmherziger Vater und andere. In den biblischen Texten sind noch viele, die uns unbekannt sind, weil sie nicht dem herrschenden kirchlichen Glauben entsprachen: Jahwe, die Ewige, Adonaj, der Heilige, die Lebendige, Ich-bin-da, Schechina, Quelle des Lebens, Mutter, Vater, Kyrios, Ha-Makom = der Ort, u. a. Die Übersetzung der Bibel, die wir hier verwenden, stammt aus einer ganz modernen Übersetzung, an der auch viele Frauen mitgewirkt haben. Dort werden diese Gottesbilder laufend gewechselt, damit wir nicht einzelne Bilder auswählen und diese für einzig richtig erklären.

So wie Schwangerschaft, Geburt und Wochenbett Zeiten der Wandlungen sind, so gibt es also Gottesbilder, die diesem Wandel entsprechen. Der Blick auf weibliche Lebenszusammenhänge führt uns biblische Texte vor Augen, in denen Gott mit Frauenerfahrungen zusammengebracht wird:

→ **Gott im Bild der Hebamme:** „Ja, du hast mich aus dem Mutterleib gezogen, mir Vertrauen eingeflößt an der Brust meiner Mutter. Auf dich bin ich geworfen vom Mutterleib an, vom Schoß meiner Mutter an bist du mein Gott." (Psalm 22,10) „Sollte ich durchbrechen, aber nicht gebären lassen?" (Jesaja 66, 9)

→ **Gott im Bild der Gebärenden:** „Ich habe geschwiegen seit ewig, soll ich weiter still sein, mich zurückhalten? Wie eine

Gebärende will ich stöhnen, hecheln und dabei nach Luft schnappen." (Jesaja 42, 14)
→ **Gott als Amme:** „So spricht Gott: Ich habe dich gemacht und dich gebildet, von Mutterleib an habe ich dir geholfen." (Jesaja 44, 2)
→ **Gott im Bild der Mutter:** „Wie eine Mutter tröstet, so will ich euch trösten." (Jesaja 66,13)
→ **Gott im Bild der Weberin:** „Ja, du hast meine Nieren gebildet, hast mich gewebt im Leib meiner Mutter. Ich danke dir, dass ich auf erstaunliche Weise wunderbar geschaffen bin." (Psalm 139,13–15)

„Barmherzigkeit" ist im Hebräischen der Plural des Wortes für Gebärmutter. Wir können also auch von der „Mutterschößigkeit Gottes" sprechen!

**Gott,**
*durch Deine gebärende Lebenskraft*
*entstand diese Welt.*
*Du stärkst und ernährst uns*
*wie eine Mutter ihr Kind.*
*So hältst du uns,*
*wie ein Vater sein Neugeborenes hält.*
*Tanja Oldenhage*

**Psalmgebet**
*Gottfrau,*
*die du die Berge und die Meere geboren hast*
*und alle Menschen im Schoß ihrer Mütter*
*aus feinsten Fäden webst,*
*die du deine Schöpfung*

*in deinem Mutterschoß wiegst*
*und über ihre Zerstörung weinst,*
*wie eine Mutter über ihr totes Kind,*
*sei du auch heute meine Mutter!*
*Gebäre mich jeden Tag neu,*
*dass ich – getragen von deiner Liebe –*
*hoffen und neu beginnen kann,*
*um meine Gaben zu entfalten,*
*mit denen du mich*
*im Schoß meiner Mutter gesegnet hast. Amen*
*Hanna Strack*

Auch im Neuen Testament gibt es ein Wort Jesu, das alle Frauen mit und ohne Kinder und Männer anspricht: „Alle, die an mich glauben, über die heißt es in der Schrift: Flüsse lebendigen Wassers werden aus ihrem Inneren fließen." (Johannes 7,38)

Das griechische Wort, das hier mit Inneres übersetzt ist, heißt Bauch, Gebärmutter, oder allgemein das Innere. Jesus spricht von diesem Inneren, dieser Gebärmutter, als der Quelle des lebendigen Wassers, das erinnert an das Fruchtwasser. Es ist zugleich die Quelle von Kreativität und Spiritualität und es bindet die Männer, vor allem auch die Frauen mit ein, die keine Kinder geboren haben.

Die Muslima Saime, Bauingenieurin, kam aus der Türkei nach Deutschland. Sie beschreibt ihren Glauben so: „Ich denke, dass Religion für die Menschenseele bereichernd ist, sie gibt Kraft. Gott ist eine Art Kraft, die alle Dinge im Gleichgewicht hält, und alles ist miteinander verbunden und voneinander abhängig. Und in diesem System bin ich auch ein Element. Dadurch fühle ich mich wertvoller."

# Dank

Wir danken allen Autorinnen und Autoren, die dieses Werk mit ihren persönlichen Beiträgen bereichert und mit ihrem Wohlwollen unterstützt haben.

# Literaturnachweis

Die Texte der Bibel stammen aus: *Dr. Ulrike Bail/Frank Crüsemann/Marlene Crüsemann (Hrsg.)*, Bibel in gerechter Sprache, © 2006, Gütersloher Verlagshaus, Gütersloh, in der Verlagsgruppe Random House GmbH

Die Hebammenzitate wurden bei einem Workshop auf dem X. Hebammenkongress im Mai 2004 in Karlsruhe gesammelt. Es sind Antworten auf die Frage: Welche spirituellen Erlebnisse hatten Sie? An dieser Stelle danke ich allen dafür! Einige Zitate konnten wir nicht mehr einer bestimmten Autorin zuordnen. Wir bitten Sie deshalb, sich zu melden.

*Jan Assmann*: Ägyptische Hymnen und Gebete, Fribourg/Göttingen, 2. Auflage 1992

*Gioconda Belli*: Feuerwerk in meinem Hafen, © Peter Hammer Verlag, Wuppertal 1997

*Gioconda Belli*: Wenn du mich lieben willst, © Peter Hammer Verlag, Wuppertal, Neuausgabe 2000

*Viresha J. Bloemeke*: Es war eine schwere Geburt. Wie traumatische Erfahrungen verarbeitet werden können, © 2003 Kösel-Verlag, München, in der Verlagsgruppe Random House GmbH

*Christiane Bundschuh-Schramm*: Gebet zum Kinderwunsch, Segenswunsch einer Schwangeren, Bauchgedanken, Gebet, © Autorin

*Cornelia Chiandetti-Arnold*: Gebetswunsch einer Hebamme, © Autorin

*Pirkko Farieta*: in: *Hanna Strack*: Die Frau ist Mit-Schöpferin, s. u. Übersetzung: Katharina Heinrich

*Barbara Findeisen*: Pocket Sanctuary at Kenyon Ranch, HC 65 Box 278, Tumacori, Arizona 85640, Bilder mit freundlicher Genehmigung von Barbara Findeisen: www.starfound.org

*Charlotte Fischer*: Wiegesegen, in: FrauenKirchenKalender 2004, © Autorin

*Thomas Gerlach*: in: taz 23.12.2009, http://www.taz.de/1/leben/alltag/artikel/1/ihr-kinderlein-kommet-alle/

*Thich Nhat Hanh*: Lächeln im Bauch der Mutter, englisch: Returning Home, in der amerikanischen Zeitschrift Shambhala Sun (March 2006). Nachdruck mit freundlicher Genehmigung von © 2005 Parallax Press, Berkeley, CA, www.parallax.org, Übersetzung: Martin Frischknecht

*James Hillman*: Die Suche nach Innen: Psychologie und Religion, Daimon-Verlag, Zürich 1981

*Naomi Janowitz, Maggie Wenig*: Siddur Nashim: A Sabbath Prayer Book for Women. Translated and Supplemented with original and traditional material by Naomi Janowitz and Maggie Wenig, Providence, RI, 1976

*Theresia Jörg*: theresia.joerg@gmx.de, siehe auch: Zum Schutz von Mutter und Kind: Rituale aus dem Orient, in: Deutsche Hebammenzeitschrift. Hannover, Heft 11, 2010, S. 21–24

*Mascha Kaléko:* In meinen Träumen läutet es Sturm, © 1977 Deutscher Taschenbuch Verlag, München

*Maria Kersten*: in: *Hannah Ward, Jennifer Wild, Janet Morley (Ed.)*: Celebrating Women. New Edition, London 1995

*Burckhard R. Knipping*: Die Kinder als Lehrmeister der primordialen Spiritualität, in: *Ulrich Dickmann, Kees Waaijman (Hg.)*: Felderkundungen Laienspiritualität: Geburt (Band 2). Beiträge der Katholischen Akademie, S. 141–158

*Koranzitat* aus: Der Koran. Aus dem Arabischen übersetzt von Max Henning, Stuttgart 1960

*Pnina Navè Levinson*: Esther erhebt ihre Stimme, Gütersloher Verlagshaus, Gütersloh 1993

*Noemi Levy*: Women's Torah Commentary

*Anne Hubbell Maiden, Edie Farwell*: Willkommen in dieser Welt. Die tibetische Kunst, Kinder ins Leben zu begleiten, Kösel Verlag, München 1999

*Benig Mauger*: Reclaiming the Spirituality of Birth. Healing for Mothers and Babies, Rochester, Vermont 2000, Übersetzung Hanna Strack

*Brigitte Meissner*: Infos auf www.kaiserschnitt.ch.

*Elisabeth Naurath*: Schöpferkraft, in: FrauenKirchenKalender 2004, © Autorin

*Diann L. Neu*: Ein Segen bist du. Feministische Liturgien für Frauen an Lebenswenden, Original: Women's Rites. Feminist Liturgies for Life's Journey, Pilgrim Press, Ohio 2003

*Michel Odent*: Die Wurzeln der Liebe. Wie unsere wichtigste Emotion entsteht, Walter Verlag, Düsseldorf 2001

*Tanja Oldenhage*: in: *Martina Gerlach (Hg.)*: Gottes Antlitz hülle dich in Licht. Andachten für Frauen mit der Bibel in gerechter Sprache, Gütersloh 2009

*Bertha Pappenheim*: Gebete/Prayers. Zweisprachige Ausgabe, hg. von Elisa Klapheck und Lara Dämmig, © Verlag Hentrich & Hentrich, Berlin 2003

*Ruth-Nunzia Preisig*: Geburt und Kreativität. Den Übergang malend und gestaltend erleben, Eigenverlag Edition Callaloo 2001

*Anton Rotzetter*: Gott, der mich atmen lässt, © Verlag Herder GmbH, Freiburg i. Br., 1. Aufl. d. vollständig überarb. Neuausgabe 09.2012

*Saime*: in: Frauen unterwegs, Zeitschrift der Evangelischen Frauenhilfe in Deutschland (FU 5/98)

*Klaus Schäfer*: Segen der Engel, aus: Trauerfeiern beim Tod von Kindern. Liturgische Hilfen und Modelle für Segnung, Verabschiedung und Beerdigung, © Verlag Friedrich Pustet, Regensburg 2010

*Monika Schmelzer*: Segen der Hebamme, © Autorin

*Susanne Schniering*: Ich trage Dich in meinem Herzen. Der Gedenkplatz für nicht beerdigte Kinder in Ohlsdorf, Hamburg, Hanna Strack Verlag, Pinnow 2001

*Dorothee Sölle*: Gegenwind. Erinnerungen, Verlag Hoffmann und Campe, Hamburg, 2. Aufl. 1995

*Hanna Strack*: Die Frau ist Mit-Schöpferin. Eine Theologie der Geburt, Göttert Verlag, Rüsselsheim 2006

*Hanna Strack*: Fehlgeburt in der Bibel, in: *Susanne Schniering*: Ich trage Dich in meinem Herzen, siehe oben, S. 107–111

*Hanna Strack*: Vom Wunder des Lebens. Worte, die willkommen heißen, Eschbacher Kartenbox mit 32 Textkarten, Begleitheft von Hanna Strack, Holzwürfel zum Aufstellen, Eschbach/Markgräflerland 2008

*Maike Stüven*: Mein Frühchen und Himmelssegen, © Autorin

*Erich F. Thomas*: In der Nacht, in: *Gisela und Gerhard Zimmermann (Hg.)*: Reichtum der Jahresringe. Ein Hausbuch für Feste und Gedenktage in Familie, Schule und Gemeinde, Konstanz 1982

*Ahmad Vincenzo*: Das Buch, das vom Himmel kam, Piper Verlag, München 2008

*Johanna Vogt*: aus: *Margit Eckholt, Sabine Pemsel-Maier (Hg.)* Unterwegs nach Eden. Zugänge zur Schöpfungsspiritualität, © Matthias Grünewald Verlag der Schwabenverlag AG, Ostfildern 2009. www.verlagsgruppe-patmos.de

*Ursula Volz-Boers*: Empfängnisbezogene Psychoanalyse, in: Internationale Zeitschrift für pränatale und perinatale Psychologie und Medizin, Hg. von Peter G. Fedor-Freybergh, Volume 20 Nr. 3,4, 2008, S. 228–250

*Jutta Voss*: Segen, in: FrauenKirchenKalender 1996, © Autorin

*Bärbel Wartenberg-Potter*: Mit-Leidenschaft. Geistliche Mut-, Mahn- und Trost-Reden einer ökumenischen Bischöfin, Kohlhammer Verlag, Stuttgart 2010

Wir danken den Autorinnen und Autoren sowie den Verlagen für die freundliche Genehmigung zum Abdruck. Leider war es uns nicht in allen Fällen möglich, die Rechteinhaber zu ermitteln. Wir bitten um Hinweise an den Verlag. Allfällige Ansprüche werden gerne nachträglich abgegolten.

# Die Autorinnen

*Hanna Strack*, geb. 1936, lebt in Pinnow/Schwerin, 3 Söhne, 4 Enkelkinder. Sie war Religionslehrerin in München, Pastorin der Evangelischen Frauenhilfe in Mecklenburg, Verlegerin, Mitherausgeberin und Autorin des FrauenKirchenKalenders. Sie veröffentlichte das Buch „Die Frau ist Mit-Schöpferin. Eine Theologie der Geburt" und arbeitet zur Zeit an einer Kulturgeschichte der Gebärmutter. (www.hanna-strack.de)

*Gunhild Nienkerk*, geb. 1974, 2 Söhne, lebt in Schwerin. Sie war Arzthelferin, Betriebswirtin und lebte im In- und Ausland. Jetzt ist sie Inhaberin des *Mama-Chocolate-Café* für Mütter/Eltern und Kinder. (www.mama-chocolate.de)

Anregungen und Kritiken erbitten wir an:
Hanna Strack, Kuckucksallee 9, 19065 Pinnow/Schwerin,
Tel. +49/(0)3860/580035
hanna.strack@t-online.de

**TYROLIA**  Alles **Buch**bar auf **www.tyrolia-verlag.at**

# Mit Kindern einen nachhaltigen Lebensstil verwirklichen

**ARGE Schöpfungs-
verantwortung (Hg.)**
### Ich bin ein
### Teil der Welt
**Ein ökosozialer
Elternratgeber**
160 Seiten, 11 sw. Abb.,
2-farbig, Broschur
ISBN 978-3-7022-2990-0

Mehr noch als für unser eigenes wird es für das Leben unserer Kinder entscheidend sein, dass wir gemeinsam zu einem nachhaltigen Umgang mit der Umwelt finden. Dieser Elternratgeber greift alle wichtigen Themenfelder eines ökologisch und sozial verantwortungsvollen Lebensstils auf und lässt Experten zu Wort kommen, die auf einfache Weise die grundlegenden Zusammenhänge erläutern.

*„Ein Buch, das zum Nachdenken, aber vor allem zum Nachahmen anregt – gute Tipps, verständlich verpackt."*  Echo Salzburg